A PAZ PELO DIREITO

A PAZ PELO DIREITO

Hans Kelsen

Tradução
LENITA ANANIAS DO NASCIMENTO

Esta obra foi publicada originalmente em inglês com o título
PEACE THROUGH LAW
por The University of North Carolina Press, 1944
Copyright © 1944 by The University of North Carolina Press,
renovado em 1972 by Hans Kelsen
Copyright © 2011, Editora WMF Martins Fontes Ltda.,
São Paulo, para a presente edição.

1ª edição 2011
2ª tiragem 2020

Tradução
LENITA ANANIAS DO NASCIMENTO

Acompanhamento editorial
Márcia Leme
Revisões
Fernanda Bottallo
Letícia Braun
Edição de arte
Katia Harumi Terasaka Aniya
Produção gráfica
Geraldo Alves
Paginação
Studio 3 Desenvolvimento Editorial
Capa
Katia Harumi Terasaka Aniya

Dados Internacionais de Catalogação na Publicação (CIP)
(Câmara Brasileira do Livro, SP, Brasil)

Kelsen, Hans, 1881-1973.
   A paz pelo direito / Hans Kelsen ; tradução Lenita Ananias do Nascimento. – São Paulo : Editora WMF Martins Fontes, 2011. – (Coleção biblioteca jurídica WMF)

   Título original: Peace through law.
   ISBN 978-85-7827-464-1

   1. Acordos pacíficos para conflitos internacionais 2. Arbitragem (Direito internacional) 3. Crimes de guerra I. Título. II. Série.

11-08727   CDU-341.7

Índices para catálogo sistemático:
1. Acordos : Conflitos internacionais : Direito internacional   341.7

Todos os direitos desta edição reservados à
Editora WMF Martins Fontes Ltda.
Rua Prof. Laerte Ramos de Carvalho, 133 01325.030 São Paulo SP Brasil
Tel. (11) 3293.8150 e-mail: info@wmfmartinsfontes.com.br http://www.wmfmartinsfontes.com.br

SUMÁRIO

Agradecimentos IX
Prefácio XI

PARTE I
A PAZ GARANTIDA PELA APRECIAÇÃO JUDICIAL COMPULSÓRIA DE DISPUTAS INTERNACIONAIS

1. A paz pela força ou pelo direito? 3
2. Estado mundial ou Confederação de Estados? 8
3. Judiciário internacional 12
4. Abordagem econômica ou jurídica? 15
5. Um judiciário sem poder executivo nem legislação centralizados 17
6. Conflitos jurídicos e políticos 22
7. Conciliação 30
8. A igualdade soberana dos Estados como base de uma organização internacional para a manutenção da paz 32
9. As experiências da Liga das Nações 46
10. Uma Liga Permanente para a Manutenção da Paz .. 52

PARTE II
A PAZ GARANTIDA PELA RESPONSABILIZAÇÃO INDIVIDUAL POR VIOLAÇÕES DO DIREITO INTERNACIONAL

11. A responsabilidade individual dos autores da guerra .. 65

12. A responsabilidade individual determinada pelo direito internacional geral 69
13. A responsabilidade individual determinada pelo direito internacional privado 72
14. A responsabilidade individual por atos de Estado .. 74
15. A questão da culpa pela guerra na Primeira e na Segunda Guerras Mundiais 81
16. A punição dos crimes de guerra 84
17. Os crimes de guerra como violações do direito internacional ou nacional 93
18. A exceção de obediência a ordem superior 96
19. A jurisdição sobre prisioneiros de guerra 100
20. A jurisdição penal internacional 102

ANEXO I
Pacto de uma liga permanente para a manutenção da paz .. 117

ANEXO II
Dispositivos do tratado que estabelecem responsabilidade individual por violações do direito internacional (jurisdição penal internacional) 131

Índice remissivo 139

Para Frank M. Russell

AGRADECIMENTOS

O autor agradece a *American Journal of International Law, American Journal of Sociology, Yale Law Journal, California Law Review* e *Journal of Legal and Political Sociology* pela permissão de reimprimir partes de artigos seus publicados anteriormente por esses periódicos.

PREFÁCIO

Quando, na história das religiões, aprendemos sobre os sacrifícios humanos oferecidos pelos povos primitivos a seus deuses; quando lemos que os incas, índios relativamente civilizados, imolavam até os próprios filhos nos altares de seus ídolos da maneira mais cruel possível, permitindo que os sacerdotes abrissem o peito da vítima e lhe retirassem o coração ainda pulsando; quando em vão procuramos entender como os próprios pais podiam suportar esse sofrimento, sentimos alívio na confortável consciência de viver em uma época esclarecida, sob as bênçãos de uma religião superior, que nos faz compreender o supremo dever de preservar a vida humana.

Será que nós, integrantes de uma civilização cristã, temos mesmo o direito de sentir esse alívio moral? Podemos nos considerar tão mais avançados em comparação com os aborígines do Peru? O nosso século XX não deu à humanidade, juntamente com as realizações mais prodigiosas da tecnologia, duas guerras mundiais cujos sacrifícios humanos ofuscaram com grande vantagem o assassínio de crianças pelos incas pagãos? Será que podemos nos recusar a compreender esses pais e mães enquanto nós mesmos nos orgulhamos tanto de depositar a flor de nossa juventude em altares que só diferem daqueles dos incas pelo fato de não haver nenhuma religião que justifique o derramamento do precioso sangue por nada a não ser a insensatez nacionalista?

Há verdades tão evidentes por si mesmas que devem ser sempre proclamadas e incessantemente reiteradas para que não sejam condenadas ao esquecimento. Uma dessas verdades é: a guerra é assassinato em massa, a maior desgraça de nossa cultura, e nossa principal tarefa política é garantir a paz mundial, uma tarefa muito mais importante que decidir entre democracia e autocracia, ou capitalismo e socialismo, pois não há possibilidade de progresso social enquanto não se criar uma organização internacional que impeça com eficiência a guerra entre as nações do mundo.

Seria injusto ignorar os muitos empenhos que se fizeram até aqui por estadistas e intelectuais visando ao ideal da paz mundial. Precisamos, entretanto, reconhecer que todo esse empenho foi em vão; que, apesar deles, a história social nesse aspecto demonstra regresso em vez de progresso. Talvez seja assim porque os estadistas na maioria das vezes tenham-se aventurado muito pouco, e os intelectuais sempre exigiram demais. A Liga das Nações por certo foi muito pouco, enquanto o sonho de um Estado Mundial sem dúvida é demais. O trabalho do presidente Wilson, apesar de todas as imperfeições, pelo menos foi um início muito proveitoso, enquanto o pacifismo utópico em qualquer caso é um grave perigo.

Quem, não como estadista ativo, mas como simples escritor, procura cumprir seu dever na luta pela paz mundial não é menos responsável que o primeiro. Esse escritor, para não comprometer o grande ideal, precisa adequar seus postulados ao que é politicamente possível. Ou seja, não ao que era possível ontem e, consequentemente, hoje é real – isso é muito pouco. Seu programa também não deve voltar-se para uma meta que só pode ser atingida em um futuro distante, se tanto; isso é irreal e, portanto, menos que nada do ponto de vista político. Um autor consciente deve dirigir suas sugestões para aquilo que, depois de atento exame da realidade política, possa considerar-se possível amanhã, ainda que talvez não pareça possível hoje. Não fosse assim, não haveria esperança de progresso. Seu programa não deve implicar revolução nas relações internacionais, mas reforma da ordem dessas relações pela melhoria da técnica social predominante nessa área.

A técnica específica da ordem que regula as relações entre os Estados é o direito internacional. Quem deseja se aproximar da meta da paz mundial de forma realista deve lidar com esse problema de maneira muito sóbria, encarando-o como um aperfeiçoamento lento e constante da ordem jurídica internacional. É assim que este livro procura contribuir para o problema mais candente de nosso tempo.

Junho de 1944, Berkeley, Califórnia
HANS KELSEN

PARTE I

A paz garantida pela apreciação judicial compulsória de disputas internacionais

1. A paz pela força ou pelo direito?

A paz é um estado caracterizado pela ausência de força. Em uma sociedade organizada, entretanto, a ausência absoluta de força – a ideia do anarquismo – não é possível. O emprego da força na relação entre indivíduos é prevenido quando reservado à sociedade. Para garantir a paz, a ordem social não exclui todos os tipos de atos coercitivos; ela autoriza determinados indivíduos a praticar esses atos de acordo com determinadas condições. O emprego da força, em geral proibido por ser delito, é permitido excepcionalmente como reação contra o delito, isto é, como sanção. O indivíduo que, autorizado pela ordem social, pratica atos coercitivos contra outros indivíduos age como um órgão da ordem social ou – o que dá no mesmo – como um agente da sociedade constituído por essa ordem. Somente o indivíduo por cujo intermédio a sociedade age, somente o órgão da sociedade, é competente para praticar um ato coercitivo como sanção dirigida ao transgressor da ordem, o delinquente. Desse modo, a ordem social faz do uso da força monopólio da comunidade, e agindo assim pacifica as relações mútuas entre seus membros.

A característica essencial do direito como ordem coercitiva é estabelecer o monopólio comunitário da força.

Também em uma comunidade jurídica primitiva, somente determinados indivíduos têm permissão para praticar atos coercitivos em certas circunstâncias precisamente determinadas pelo direito. É o indivíduo ou o grupo cujo direito foi violado que é autorizado a empregar a força contra o indivíduo ou grupo responsável pela violação do direito. Embora no direito primitivo predomine o princípio da autotutela, o ato coercitivo que não é considerado delito, como a vingança de sangue, tem o caráter de sanção e é interpretado como reação da comunidade jurídica contra o transgressor responsável pelo delito e seu grupo. Uma vez que a autotutela é reconhecida como princípio jurídico, que sua execução é concebida como ação da comunidade jurídica e sanção contra o delinquente, ela é o exercício do monopólio comunitário da força.

Quando o exercício desse monopólio é centralizado, quando o direito de empregar a força como sanção é retirado dos ofendidos e transferido para uma agência central, quando passa a existir um poder executivo centralizado, a comunidade jurídica se transforma em um Estado.

O Estado moderno é o tipo mais perfeito de ordem social que instaura o monopólio comunitário da força. Sua perfeição se deve à centralização do emprego da força (que não deve ser confundida com sua monopolização). No Estado, a pacificação das relações entre os indivíduos – isto é, a paz *nacional* – é alcançada no mais alto grau possível. Exceto em certas circunstâncias extraordinárias, como em uma revolução ou em uma guerra civil, o emprego da força é eliminado com eficiência das relações entre os cidadãos e reservado para os órgãos centrais, como os poderes executivos e os tribunais, que são autorizados a usar a força como sanção contra atos ilegais.

Quando a questão é garantir a paz *internacional*, eliminar o emprego mais terrível da força – a guerra – das relações entre Estados, parece que nenhuma resposta é mais evidente por si mesma que esta: unir todos os Estados individuais ou, pelo menos, o máximo número possível, em um Estado mundial, concentrar todos os seus meios de poder, suas forças armadas, e pô-las à disposição de um governo mundial com leis criadas por um parlamento mundial. Se os Estados só puderem continuar existindo como membros de uma federação mundial poderosa, a paz entre eles será garantida de maneira tão eficiente como entre os componentes dos Estados Unidos da América ou dos Cantões da República Suíça. Essa é a principal ideia de muitas sugestões propostas para a manutenção da paz no debate sobre a reconstrução no pós-guerra.

Não pode haver dúvida de que a solução ideal do problema da organização mundial assim como do problema da paz mundial é a criação de um Estado federal mundial composto de todas as nações ou do máximo possível delas. A concretização dessa ideia, entretanto, depara com graves e intransponíveis dificuldades, pelo menos até o presente.

O primeiro problema diz respeito à forma em que deve ser criado um Estado mundial. Os que propõem essa ideia normalmente pensam em um tratado internacional pelo qual os Estados, anteriormente sujeitos soberanos de direito internacional, submetem-se a uma constituição federal cujas cláusulas formam o conteúdo do tratado. Esse é o único modo democrático de criar o Estado mundial.

A proposta de garantir a paz internacional por meio de um Estado mundial se baseia na suposta analogia entre um Estado mundial e o Estado nacional, no qual se assegura a paz de forma tão eficiente. Essa analogia, entretanto, não parece muito favorável às intenções daqueles que desejam produzir a paz mundial por métodos que concordam com os princípios da democracia: liberdade e igualdade, aplicadas às relações internacionais. Pois o Estado nacional com sua eficiência na paz interna não é resultado de nenhum acordo negociado voluntariamente por indivíduos livres e iguais. A hipótese sustentada pela doutrina do direito natural dos séculos XVII e XVIII de que o Estado se origina de um contrato social celebrado por indivíduos soberanos em estado de natureza foi abandonada há muito tempo e substituída pela ideia de que o Estado passa a existir por conflitos hostis entre grupos sociais de estrutura econômica diferente. No curso desses conflitos armados, que têm o caráter de guerras sangrentas, o grupo mais agressivo e mais belicoso subjuga os outros e lhes impõe uma ordem de paz. A *pax romana* vigente nas províncias derrotadas pelas legiões de Roma é o exemplo mais marcante de um processo que, segundo essa hipótese, ocorreu, embora em menor extensão, nos tempos históricos e pré-históricos em quase todas as partes do mundo. O Estado mundial, como alegam os adeptos dessa doutrina da origem do Estado, não pode surgir de maneira diferente de qualquer outro Estado, isto é, deve surgir pelo domínio imposto a todas as nações do mundo; e a paz mundial só pode ser instaurada como uma ordem imposta sobre a humanidade por uma grande potência. Se a paz mundial só pode ser assegurada por meio de um Estado mundial, então a crença na possibilidade de criar esse Estado por um tratado internacional celebrado entre governos independentes é, de acordo com a teoria da força, um erro idêntico ao cometido pela tese jusnaturalista de que o Estado nacional foi criado pelo acordo voluntário de indivíduos, determinado pelo seu vislumbre racional das vantagens da colaboração pacífica sob a autoridade à qual se confere o monopólio da força. Ao que tudo indica, a história ensina que não é a via do direito, mas a via da força que conduz à paz.

É mais do que provável, porém, que nem a doutrina do contrato social seja completamente falsa nem a teoria do domínio forçado seja completamente certa. Se a primeira é um construto baseado em uma avaliação otimista da natureza humana, e não uma explicação histórica da origem do Estado, a segunda é evidentemente influenciada por um juízo de valor pessimista da evolução social do passado. Uma vez que a primeira transição de grupos primitivos altamente descentralizados para a organização em Estado é um fato ocorrido em tempos pré-históricos e a origem de muitos Estados não pode ser objeto de pesquisa científica em razão da falta de fontes históricas, as hipóteses sobre esse tema são sempre, pelo menos em parte, determinadas por considerações baseadas na psicologia geral. Desse ponto de vista, no entanto, é muito improvável que qualquer domínio forçado de seres humanos possa produzir um estado de paz relativamente duradouro sem um consentimento mínimo da parte do povo subjugado, ainda que tal consentimento se resuma tão somente na ideia de que a ordem estabelecida pelos dominadores seja, afinal, melhor que um estado de guerra permanente. Por outro lado, nenhum contrato social pode formar uma comunidade pacificada mais duradoura sem que tenha poder para impor a ordem constituinte da sociedade. A força e o direito não são mutuamente exclusivos. O direito é uma organização da força.

A criação, por meio de um tratado, de uma organização internacional para a manutenção da paz é uma operação completamente diferente daquela a que se refere a doutrina do contrato social. Essa doutrina é tão problemática porque é muito difícil que em um estado de natureza anterior à existência de qualquer lei ou contrato se possa fazer um contrato social entre milhares de sujeitos, um contrato que vincule juridicamente não apenas esses sujeitos, mas também os respectivos cônjuges e filhos, além das gerações futuras. Nenhum contrato realizado entre indivíduos pode ter tal efeito, principalmente se não se firmar sobre a base de uma ordem jurídica preexistente. O contrato social da doutrina jusnaturalista é, na verdade, o ato pelo qual o direito – o direito nacional – passa a existir. E é muito pouco provável que o direito como tal tenha sido criado por um contrato.

O tratado internacional pelo qual se criaria uma organização internacional para a manutenção da paz seria firmado sobre a base de uma ordem jurídica que já existe há séculos. O número das partes contratantes, comparado com o dos contratantes fictos do pacto social, é muito pequeno. As partes contraentes seriam Estados e não necessariamente mudariam a cada nova geração. A mudança de partes na família de nações não é tão frequente como a mudança de pessoas nas comunidades humanas. Um dos princípios reconhecidos do direito internacional positivo é que os Estados, e isso inclui seus súditos ou cidadãos, são vinculados pelos tratados internacionais sem levar em conta a mudança de gerações que ocorre em suas populações.

O fato de que o Estado não se originou de um contrato social não é argumento contrário à possibilidade de criar uma ordem garantidora da paz por meio de um tratado internacional. Ainda que a paz nacional garantida pelo Estado nacional sempre e em toda parte tenha sido consequência de um domínio forçado, não há necessidade de acreditar que essa é a única forma de instaurar a paz internacional e que nossa esperança de um mundo melhor tenha de aguardar até que um Leviatã tenha engolido todos os outros. É possível que o vislumbre racional das vantagens da colaboração pacífica não tenha desempenhado papel decisivo no processo histórico pelo qual, há milhares de anos, o Estado passou a existir em uma sociedade ainda primitiva. Mas isso não é motivo para subestimar a importância desse fator na relação entre os Estados democráticos modernos, que agem cada vez mais sob a influência da opinião pública de nações esclarecidas. É fato que um acordo sobre uma organização eficiente para manutenção da paz é tanto mais fácil quanto menor for o número de partes das quais se exige consenso. A esse respeito, a Segunda Guerra parece ter aberto perspectivas melhores que a Primeira. Se no final da Segunda Guerra permanecerem apenas três ou quatro grandes potências e estas forem satisfeitas nas suas reivindicações territoriais, a possibilidade de um tratado que crie uma organização internacional eficiente para a manutenção da paz – a ideia da paz internacional por meio do direito internacional – está de fato dentro do escopo da política prática.

2. Estado mundial ou Confederação de Estados?

A analogia entre a paz nacional e a internacional, implicando a prioridade da teoria da força sobre a doutrina do contrato no que diz respeito às relações entre Estados, não é conclusiva por mais outra razão: a paz internacional pode ser garantida sem a criação de um Estado mundial. O alto grau de centralização característico do Estado não é, ou não será imediatamente após o fim desta guerra, necessário para garantir a paz duradoura. O monopólio da força, o elemento essencial de uma comunidade jurídica que assegura a paz entre seus membros, é possível mesmo quando a centralização da comunidade não atinge o grau característico de Estado. Os Estados, é verdade, até podem ser constituídos, e já foram, em Estados federativos particulares por meio de tratados. Um Estado federativo mundial, entretanto, composto de vários Estados diferentes quanto ao tamanho e à cultura, dificilmente pode ser erigido imediatamente após essa guerra. Somente um pensamento fantasioso e a pura e simples ignorância de fatos decisivos nos permitem subestimar as extraordinárias dificuldades que encontraremos para organizar esse Estado federativo mundial. Isso vale, principalmente, se a constituição desse Estado tiver caráter democrático. E é pela democracia que as Nações Unidas aceitaram os sacrifícios dessa guerra. O centro de um Estado mundial democrático deve ser um parlamento mundial. Mas um parlamento mundial em que todas as Nações Unidas sejam representadas de acordo com sua força numérica agregada seria um corpo legislativo em que Índia e China teriam aproximadamente três vezes mais deputados que os Estados Unidos da América e a Grã-Bretanha juntos. Os órgãos principais do Estado mundial teriam praticamente a mesma jurisdição que o governo federal nos Estados Unidos. Logo, os Estados Unidos, eles próprios um Estado federativo, não poderiam tornar-se membros do Estado federativo mundial sem uma mudança radical em sua constituição. O governo de um Estado soberano é pela própria natureza inclinado a resistir a qualquer restrição a sua independência, e ser membro de um Estado federativo significa abrir mão completamente da independência própria. A resistência contra esse suicídio dos Estados deve, claro, alcançar o grau mais alto imediatamente depois de uma guerra vitoriosa, que aumenta inevitavelmente os sentimentos nacionalistas do povo.

Os limites da autodeterminação que uma constituição federal impõe aos Estados-membros devem, por certo, ser contrabalançados com as grandes vantagens da centralização. Essas vantagens, porém, pesam pouco quando está em jogo o direito de autodeterminação de um povo imbuído de forte sentimento de nacionalismo, principalmente se esse sentimento se baseia na existência de uma língua, uma religião, uma cultura e uma extensa e gloriosa história comuns. Pode haver divergências quanto ao valor e à justificativa do nacionalismo, mas é preciso levar em conta esse fenômeno, assim como outros fatos decisivos, caso se pretenda criar uma comunidade universal de Estados. Isso é particularmente verdadeiro quando a comunidade internacional tem de abranger nações tão diferentes umas das outras no que diz respeito a língua, religião, cultura, história, estrutura política e econômica e localização geográfica, como são os Estados do continente americano e os do continente europeu, as nações de cultura ocidental e as de cultura oriental.

Se a proposta é um Estado federativo que compreenda todos esses Estados, normalmente se citam os exemplos dos Estados Unidos da América e da Suíça a fim de demonstrar que as dificuldades não são insuperáveis. Todavia, esses exemplos não provam quase nada. Nos dois casos, há muito tempo, existiam íntimas relações histórico-políticas entre os membros que acabaram se juntando em um Estado federativo. Em ambos os casos, precedeu imediatamente ao Estado federativo uma confederação simples. No caso dos Estados Unidos, estava envolvida uma população essencialmente anglófona e predominantemente protestante. Seus interesses econômicos e políticos levaram ao ato político comum de romper os laços com a metrópole britânica. O Estado federativo suíço, é verdade, constitui, sim, uma união de vários grupos étnicos muito diferentes na língua e na cultura. Entretanto, foram apenas partes muitíssimo pequenas da Alemanha, da França e da Itália, não esses próprios países, que se separaram dessas nações por circunstâncias políticas e históricas e se uniram para formar uma comunidade relativamente centralizada. E essa comunidade talvez se mantenha unida menos por forças internas do que pela pressão externa que o sistema político das grandes potências vizinhas exerce sobre um Estado pequeno. Uma mudança radical nas relações mútuas dessas potências seria decisiva para a existência do Estado federativo suíço. Por fim, não deve passar despercebido que, no caso da Suíça, bem como no dos Estados Unidos, territórios contíguos geograficamente se uniram para formar um Estado único e que esse fato, por si só, já configura enorme diferença em relação à ideia de unir em um único Estado os Estados de todos os continentes, separados como são por dois oceanos. Alicerçar a esperança da construção desse Estado federativo mundial sobre o mero exemplo dos Estados Unidos e da Suíça é uma ilusão perigosa.

Ainda assim, o objetivo não deve ser considerado inatingível. É bem possível que a ideia de um Estado federativo mundial se realize, mas somente depois de um longo e lento desenvolvimento que equalize as diferenças culturais entre as nações do mundo, principalmente se esse desenvolvimento for promovido pela consciência política e o trabalho educativo no campo das ideias. No presente, porém, esse Estado mundial não está no escopo da realidade política, pois ele também é incompatível com o "princípio da igualdade soberana" sobre o qual deve basear-se – de acordo com a Declaração assinada pelos governos dos Estados Unidos, do Reino Unido, da União Soviética e da China, em 1.º de novembro de 1943, em Moscou – a organização internacional a ser criada depois da guerra[1]. Se o Estado mundial é reconhecido como um ideal desejável, é mais que provável que ele só possa ser alcançado por uma série de estágios. Do ponto de vista estratégico, há apenas uma

---

1. *New York Times*, 2 nov. 1943. Cf. adiante, pp. 32ss.

questão importante: qual é o próximo passo a ser dado nesse caminho para se obter êxito? É óbvio que a princípio só se pode criar uma união internacional de Estados, não um Estado federativo.

Isso significa que a solução do problema da paz duradoura só pode ser buscada no contexto do direito internacional – isto é, por uma organização que não exceda, quanto ao grau de centralização, o tipo normal das comunidades internacionais. Essas comunidades se caracterizam pelo fato de que o direito que regula as relações entre os Estados-membros mantém seu caráter internacional sem se converter em direito nacional. Entretanto, a constituição de um Estado mundial com um governo mundial e um parlamento mundial, embora, como conteúdo de um tratado internacional, seja direito internacional, é ao mesmo tempo direito nacional, uma vez que é a base jurídica do Estado mundial.

3. Judiciário internacional

Um exame atento da natureza das relações internacionais e da técnica específica do direito internacional mostra uma dificuldade elementar enfrentada por toda tentativa de pacificar as relações entre os Estados. Essa dificuldade é que, no caso de disputas entre Estados, não existe nenhuma autoridade reconhecida geral e obrigatoriamente como competente para resolver conflitos internacionais, isto é, para responder com imparcialidade à questão de qual das partes do conflito está certa e qual está errada. Se os Estados não chegam a um acordo ou não submetem voluntariamente a disputa à arbitragem, cada um deles é autorizado a decidir por si se o outro violou, ou está para violar, seu direito; e o Estado que se considera prejudicado é autorizado a aplicar o direito – e isso implica o que ele considera ser o direito –, recorrendo à guerra ou a represálias contra o suposto ofensor. Visto que o outro Estado tem a mesma competência para decidir por si a questão de direito, o problema jurídico fundamental permanece sem solução peremptória. A análise objetiva e a decisão imparcial do problema de ter o direito sido violado ou não é o estágio mais importante, essencial, de qualquer procedimento jurídico. Uma vez que não é possível retirar dos Estados interessados a prerrogativa de responder à questão de direito e transferi-la de uma vez por todas a uma autoridade imparcial, a saber, um tribunal internacional, está absolutamente excluído qualquer progresso no caminho da pacificação do mundo.

Por conseguinte, o próximo passo em que nosso empenho deve concentrar-se é produzir um tratado internacional firmado pelo maior número de Estados possível, tanto os vitoriosos quanto os vencidos, que crie um tribunal internacional dotado de jurisdição compulsória. Isso significa que todos os Estados da liga constituída por esse tratado são obrigados a renunciar à guerra e às retaliações como meio de resolução de conflitos, a submeter todas as suas disputas, sem exceção, à decisão do tribunal e a pôr em prática suas decisões em boa-fé[2]. Um tratado desse tipo pode ser

---

2. Durante muitos anos, o autor tentou demonstrar que a criação de um tribunal com jurisdição compulsória é o passo primeiro e indispensável para uma reforma eficaz das relações internacionais. Cf. H. Kelsen, *The Legal Process and International Order*, The Commonwealth Research Bureau Relations, Série A, n. 1, Londres (1934); *Law and Peace in International Relations*, Oliver Wendell Holmes Lectures, Harvard University Press (1941); "Essential Conditions of International Justice", *Proceedings of the 35th Annual Meeting of the American Society of International Law* (1941), pp. 70ss.; "International Peace by Court or Government", *The American Journal of Sociology* (1941), vol. 46, pp. 571ss.; "Discussion of Post War Problems", *Proceedings of the American Academy of Arts and Sciences* (1942); vol. 75, n. 1, pp. 11ss.; "Revision of the Covenant of the League of Nations", *World Organization, A Symposium of the Institute on World Organization* (1942), pp. 392ss.; "Compulsory Adjudication of International Disputes", *American Journal of International Law* (1943), vol. 37, pp. 397ss.; "Peace through Law", *American Journal of Legal and Political Sociology* (1943), vol. 2, pp. 52ss.; "The Strategy of Peace", *The American Journal of Sociology* (1944), vol. 49, pp. 381ss.

Desde a eclosão da Segunda Guerra Mundial, a necessidade de um tribunal internacional com jurisdição compulsória como meio para a manutenção do direito e da paz tem sido apoiada pela opinião pública norte-americana num grau cada vez maior. A agência americana da Associação de Direito

firmado imediatamente depois que a guerra tiver terminado; pode ser assinado também com os Estados vencidos, ao passo que os acordos mais ambiciosos relativos à organização mundial, principalmente com os Estados derrotados, só poderão ser negociados após um período de transição mais longo, durante o qual as potências do Eixo, depois de completamente desarmadas, serão mantidas sob o controle político e militar das Nações Unidas.

Podemos esperar que também a Rússia Soviética se junte a uma Liga Internacional cujo único propósito seja manter a paz na comunidade mediante a criação de um tribunal com jurisdição compulsória. Não temos, entretanto, nenhum motivo para acreditar que um governo soviético entre em uma liga que imponha a seus membros outras obrigações que não sejam os deveres de não recorrer à guerra nem a represálias contra outro membro; de submeter todos os seus conflitos à decisão de um tribunal; e de executar as de-

---

Internacional, a Associação Americana de Direito Estrangeiro e a *Federal Bar Association* adotaram a seguinte resolução:

    1. Que um dos objetivos principais de guerra e paz das Nações Unidas é a instauração e manutenção o mais cedo possível da paz internacional efetiva entre todas as nações, com base no direito e na administração disciplinada da justiça.

    2. Que a administração da justiça internacional exige a organização de um sistema judicial de tribunais internacionais permanentes inter-relacionados, com jurisdição obrigatória.

    3. Que instrumentos, agências e procedimentos sejam instituídos e desenvolvidos para declarar e tornar eficaz a vontade ponderada da comunidade de nações.

Resoluções mais ou menos semelhantes foram adotadas pela Câmara de Representantes da American Bar Association. O Conselho Federal das Igrejas de Cristo nos Estados Unidos (Nova York), a Conferência Nacional Católica do Bem-Estar Social (Washington) e o Conselho das Sinagogas dos Estados Unidos adotaram uma declaração comum católica, judaica e protestante sobre a Paz Mundial, cujo quinto ponto afirma:

    Para manter a paz com justiça, é preciso organizar instituições internacionais. A paz duradoura requer a organização de instituições internacionais que (a) criarão um corpo de direito internacional, (b) assegurarão o fiel cumprimento das obrigações internacionais e as revisarão quando necessário, (c) garantirão a segurança coletiva pela limitação drástica e o controle constante de armamentos, arbitragem compulsória e apreciação judicial de disputas, e o emprego, quando necessário, de sanções adequadas para aplicar a lei.

cisões judiciais. Ter a Rússia Soviética dentro, e não fora, da organização internacional a ser criada depois desta guerra é essencial para a paz futura.

4. Abordagem econômica ou jurídica?

Para eliminar a guerra – o pior dos males sociais – das relações entre os Estados mediante a criação de uma jurisdição internacional compulsória, a abordagem jurídica para a organização do mundo deve preceder qualquer outra tentativa de reforma internacional. Entre os dois aspectos do problema do pós-guerra, o econômico e o jurídico, o último tem certa prioridade sobre o primeiro. Não é nenhuma simplificação exagerada dizer que todas as dificuldades e absurdos nas relações econômicas internacionais se originam quase exclusivamente na possibilidade da guerra. Isto é, no fato de que um governo teme e outro espera a guerra e, por conseguinte, ambos procuram transformar seus respectivos países em corpos economicamente autossuficientes. Quando a possibilidade de guerra for realmente eliminada das relações internacionais, quando nenhum governo tiver de temer desvantagem alguma e nenhum governo puder esperar nenhuma vantagem, seja qual for, produzida pela guerra, o maior obstáculo no caminho de uma reforma razoável da situação econômica terá desaparecido, pelo menos até onde a melhoria da situação econômica for problema internacional e não nacional. Não é verdade que a guerra é consequência de condições econômicas insatisfatórias. Pelo contrário, a situação insatisfatória da economia mundial é consequência da guerra. "O medo da guerra", escreve o renomado economista Pigou, "é uma de suas principais causas, por sua influência tanto direta quanto indireta sobre a política."[3] Que a ocorrência da guerra seja exclusivamente,

---

3. A. C. Pigou, *The Political Economy of War* (1941), p. 28. Pigou diz (p. 18): "Em um mundo tendente à guerra, pode acontecer – e é sensato que assim

ou pelo menos predominantemente, devida a causas econômicas, sobretudo no sistema capitalista, é uma teoria marxista específica. No excelente estudo sobre as causas econômicas da guerra, Robbins demonstrou que essa teoria "não sobrevive à prova dos fatos"[4]. Seria exagero, por certo, dizer que as guerras não têm causas econômicas. Conflitos de interesses econômicos nacionais podem efetivamente levar à guerra[5], mas não são a causa original dela. "A condição fundamental que dá origem a esses conflitos de interesses econômicos nacionais que levam à guerra internacional" – assim escreve Robbins na conclusão de seu ensaio – "é a existência de soberanias nacionais independentes. Não o capitalismo" – e isso se aplica a qualquer outro sistema ou panorama econômico –, "mas a anarquia política internacional é a origem do mal de nossa civilização."[6] Se

---

seja – de um país sacrificar um pouco de sua opulência em tempos normais a fim de proteger-se contra a falta de alimento ou de outros bens essenciais caso ecloda uma guerra. Se a sombra da guerra fosse eliminada, não seria necessário esse sacrifício da abundância em prol da defesa."

4. Lionel Robbins, *The Economic Causes of War* (1940), pp. 15ss., 57.

5. J. H. Jones, *Economics of War and Conquest* (1915), p. 160, diz: "Embora seja provável que uma guerra de conquista produza algum retorno de riqueza e possa, durante um longo período, produzir um retorno proporcional ao gasto, a probabilidade de um ganho igual ou maior que o custo jamais é uma compensação adequada pelo investimento em si. Mesmo se provasse que a chance de ganhar tem valor material maior que as perdas que certamente ocorrerão, o vencedor, como já se disse, não teria sua ação justificada. As considerações econômicas devem ser completamente subordinadas a outras considerações. E em praticamente todas as questões internacionais que ameaçam a paz no Ocidente é provável que as questões econômicas ocupem uma posição subordinada." Cf. também Quincy Wright, *A Study of War* (1942), vol. II, pp. 717ss., 1.284ss.

6. Robbins, *op. cit.*, p. 99. Robbins diz (pp. 104ss.): "No sentido em que se pode dizer que a causa é uma condição em cuja ausência os eventos subsequentes não poderiam ocorrer, a existência de Estados soberanos independentes deve ser considerada justamente a causa fundamental de conflito. [...] No sentido que importa para a ação política, é o caos das soberanias independentes que é a condição última do conflito internacional. Não é somente porque os Estados independentes tenham o poder de declarar guerra que a guerra é declarada algumas vezes; é também porque eles têm o poder de adotar políticas que implicam conflitos de interesses nacionais cuja única solução parece ser a guerra. – Se assim é, o remédio é claro. A soberania independente precisa ser limitada [...] Sabemos hoje que, se não destruirmos o Estado soberano, o Estado soberano nos destruirá." É da maior importância

a história dos últimos trinta anos nos ensinou algo, isso foi a primazia da política sobre a economia. A eliminação da guerra é nosso problema principal. É um problema de política internacional, e o meio mais importante da política internacional é o direito internacional.

Mas nós já temos um instrumento jurídico internacional que exclui a guerra das relações internacionais: o conhecido Pacto Kellogg-Briand, ratificado por quase todas as nações do mundo. No presente momento, esse tratado geral para a renúncia à guerra parece ser um argumento de muito peso contra uma abordagem jurídica do problema da paz. O insucesso do Pacto Kellogg-Briand, entretanto, deve-se a sua própria insuficiência técnica. Por um lado, o pacto almejou demais, proibindo qualquer tipo de guerra, mesmo a guerra como reação contra a violação do direito, sem substituir essa sanção do direito internacional por outro tipo, uma sanção organizada em âmbito internacional. Desse modo, favoreceu os Estados inclinados a violar os direitos dos outros Estados. Por outro lado, esse pacto assumiu responsabilidades de menos, obrigando os Estados a procurar a solução pacífica de suas disputas sem obrigá-los a apresentar todos os seus conflitos, sem exceção, à jurisdição compulsória de um tribunal internacional.

5. Um judiciário sem poder executivo nem legislação centralizados

A primeira objeção à ideia de criar um tribunal com jurisdição compulsória refere-se à execução das decisões do tribunal no caso de um Estado não cumprir sua obrigação

---

que essas afirmações sejam resultado de uma pesquisa científica das causas econômicas da guerra e que um economista reconheça um fato político, a soberania ilimitada dos Estados, como causa decisiva da guerra. Resta pouca dúvida de que o remédio sugerido por Robbins, a limitação da soberania, é correto. A única questão é: como atingir esse fim? E essa questão deve ser entendida como um problema de estratégia de paz para que as soluções propostas não se resumam a esquemas utópicos.

de obedecer ao tribunal ou recorrer à guerra ou represálias sem consideração pelos tratados. É evidente que o método mais eficiente de aplicar os mandados e os julgados de um tribunal é a organização de um poder executivo centralizado, isto é, uma força policial internacional diferente e independente das forças armadas dos Estados-membros, e pôr essa força armada à disposição de uma agência administrativa central cuja função seja executar as decisões do tribunal. Uma força policial internacional só é eficiente se for baseada na obrigação dos Estados-membros de se desarmarem ou de limitar radicalmente seus armamentos, de modo que somente a liga tenha permissão de manter um efetivo militar com poderio apreciável. Esse tipo de força policial só é "internacional" no que diz respeito a sua base jurídica, o tratado internacional. Mas é "nacional" no que se refere ao seu grau de centralização, pois uma liga com um poder executivo centralizado não mais é uma confederação internacional de Estados, e sim um Estado em si.

Não pode haver dúvida de que a tentativa de organizar essa força policial deve enfrentar a resistência obstinada dos governos, e o tratado que cria a força policial internacional precisa ter a ratificação de todos os governos envolvidos. Opinião pública mais ou menos favorável à organização de uma polícia mundial não é suficiente. Uma força policial "internacional" equivale a uma restrição radical, quando não à total destruição da soberania dos Estados. É incompatível com o princípio da "igualdade soberana" proclamado pela Declaração de Moscou.

A organização de um poder executivo centralizado, o mais difícil de todos os problemas da organização mundial, não pode ser o primeiro passo – pode ser apenas um dos últimos, um passo que não pode ser dado com êxito sem que se crie antes o tribunal internacional e que este tenha ganhado, pelas atividades imparciais, a confiança dos governos. Pois só então serão dadas as garantias suficientes de que a força armada da liga seria usada exclusivamente para manter o direito de acordo com a decisão de uma autoridade imparcial.

Uma vez que o pacto que constitui o tribunal internacional não cria uma força armada central, as decisões do tribunal internacional podem ser executadas contra um Estado relutante somente pelos outros Estados, membros da comunidade internacional, se necessário pelo uso de suas próprias forças armadas sob a orientação da agência administrativa mencionada anteriormente. Essa agência administrativa pode ser autorizada pelo pacto a indicar um agente cuja função deva ser controlar as obrigações militares dos Estados-membros e, se tiver de se executar uma sanção militar segundo a decisão do tribunal, indicar um comandante em chefe da liga. O fato de que a tarefa principal do corpo administrativo será executar as decisões do tribunal facilitará consideravelmente sua organização, principalmente no que diz respeito ao seu procedimento, uma vez que as resoluções pelas quais o conselho administrativo leva a efeito as decisões do tribunal devem ser adotadas pela maioria de seus membros e não precisam ser tomadas por unanimidade, como eram tomadas as decisões do Conselho da Liga das Nações.

No campo das relações internacionais, o princípio da maioria, na verdade, não se aplica – com uma exceção. Essa exceção, porém, é extremamente importante: é o procedimento dos tribunais internacionais. Aqui, e somente aqui, o princípio do voto da maioria é aceito no geral. A submissão ao voto da maioria de um tribunal internacional não é considerada incompatível com a soberania de um Estado. Essa é uma das razões por que é aconselhável fazer de um tribunal, não de um poder executivo, o instrumento principal de uma reforma internacional. É o caminho mais fácil.

Outro motivo é que os tratados de arbitragem provaram que são até agora os mais eficazes. Raramente um Estado se recusou a executar a decisão de um tribunal a cuja autoridade se haja submetido em um tratado. A ideia do direito, apesar de tudo, parece que ainda é mais forte que qualquer outra ideologia de poder.

Uma terceira razão se encontra na história do direito. O problema da organização mundial é de centralização, e toda a evolução do direito, desde os primórdios até seus padrões atuais, tem sido, do ponto de vista técnico, um processo contínuo de centralização. No campo do direito local, esse processo se caracteriza pelo surpreendente fato de que a centralização da função de aplicação do direito – isto é, a criação de tribunais – precede a função de criação do direito, a implantação de órgãos legislativos. Bem antes de surgirem os parlamentos como corpos legislativos, foram criados tribunais para aplicar o direito a casos concretos. Chama a atenção o fato de que o significado original do termo "parlamento" era "tribunal".

Na sociedade primitiva, as cortes dificilmente eram outra coisa senão tribunais de arbitragem. Elas tinham de decidir apenas se de fato havia sido cometido o delito conforme alegava uma parte e, em seguida, caso o conflito não pudesse ser resolvido por acordo pacífico, se a parte ofendida tinha ou não autorização para executar a sanção contra a outra de acordo com o princípio da autotutela. Somente em um estágio posterior é que passou a ser completamente possível abolir o procedimento da autotutela e substituí-lo pela execução da decisão do tribunal por meio de um poder executivo centralizado, uma força policial do Estado. A centralização do poder executivo é o último estágio na evolução da comunidade descentralizada anterior ao Estado para a comunidade centralizada a que chamamos de Estado. Temos bom motivo para acreditar que o direito internacional – isto é, o direito da comunidade interestados, completamente descentralizada e regida pelo princípio da autotutela – se desenvolve da mesma forma que o direito primitivo da comunidade anterior ao Estado. Se isso for verdade, podemos, com certo grau de probabilidade, prever a direção em que se pode realizar uma tentativa relativamente bem-sucedida de garantir a paz internacional e eliminar o princípio da autotutela do direito internacional, ressaltando e fortalecendo a dada tendência em direção à centralização. A evolução natural caminha primeiro na direção do judiciário internacional, não para o executivo ou a legislação internacionais.

Isso soluciona outra objeção que constantemente se apresenta contra a criação de uma jurisdição internacional compulsória, a saber, que a ordem jurídica internacional a ser aplicada pelo tribunal é deficiente e que não é possível jurisdição internacional sem um órgão legislativo internacional competente para adaptar o direito internacional às circunstâncias que se transformam. Do fato de que é impossível formar esse órgão legislativo conclui-se que também é impossível haver uma jurisdição internacional compulsória.

Esse argumento é incorreto em todos os aspectos. Como se assinalou, o desenvolvimento do direito nacional indica o contrário, que a obrigação de submeter disputas à decisão dos tribunais precede de longe a legislação, a criação consciente do direito por um órgão central. No Estado individual, os tribunais há séculos aplicam um ordenamento jurídico que não poderia ser mudado por nenhum legislador, mas que evoluiu, exatamente como o atual direito internacional, do costume e dos acordos. E nesse sistema jurídico, o costume na maior parte se formou pela prática dos próprios tribunais. Um tribunal internacional que exerce a jurisdição de decidir todas as disputas jurídicas que essas partes submetem ao direito, mesmo que este seja capacitado pela constituição a aplicar somente o direito positivo, gradativa e imperceptivelmente adaptará esse direito em suas decisões concretas às reais necessidades. A história do direito romano e do direito anglo-americano mostra que as decisões judiciais criaram o direito. Um famoso jurista norte-americano disse: "Todo o direito é direito criado pelos juízes."[7] Talvez essa declaração vá muito longe, mas ela nos poupa de superestimar a função de legislação e nos permite entender por que não pode haver legislador sem juiz, embora possa muito bem haver juiz sem legislador.

---

7. John C. Gray, *The Nature and Sources of the Law* (2. ed., 1927), p. 125.

6. Conflitos jurídicos e políticos

Intimamente ligada ao argumento da insuficiência do direito a ser aplicado pelo tribunal internacional está a distinção entre conflitos jurídicos e conflitos políticos. Faz-se essa distinção para justificar a exclusão de algumas disputas internacionais da jurisdição dos tribunais internacionais. Alega-se que essas disputas são pela própria natureza impassíveis de resolução por meio de decisões judiciais vinculantes; que elas são "políticas" e, portanto, não são passíveis de apreciação judicial, em contraposição a outras, que são "jurídicas" e, assim, passíveis de apreciação judicial. Às vezes até se diz que as principais fontes de conflitos internacionais são de natureza econômica ou política, e não jurídica, que o direito desempenha apenas um papel menor no controle social internacional e, consequentemente, o lugar dos tribunais nas relações internacionais é, *a priori*, restrito. O último argumento implica uma falácia. Qualquer conflito entre Estados, bem como entre particulares, é de caráter econômico ou político. Isso, porém, não exclui tratar a controvérsia como disputa jurídica. Há um conflito envolvido; ele é jurídico (ou não jurídico) no que diz respeito à ordem normativa que controla esses interesses. Se "A" reivindica uma propriedade que está em posse de "B", e "B" se recusa a atender a reivindicação de "A", a disputa é de natureza econômica, mas dizer que essa disputa não é jurídica *porque* é econômica é um evidente absurdo. Não faz diferença que "A" e "B" sejam Estados e que a disputa diga respeito a parte do território de "B", e não a uma propriedade.

As disputas territoriais normalmente são consideradas "políticas" por excelência. Em um conflito de fronteira entre Rhode Island e Massachusetts levado à Suprema Corte dos Estados Unidos em 1838, protestava-se contra a jurisdição da Corte com base em que a controvérsia era política e não jurídica. Essa contestação, entretanto, não foi deferida pela Suprema Corte dos Estados Unidos. Em seu voto, o juiz Baldwin declarou: "Todas as disputas entre nações são políticas, nesse sentido, não judiciais, uma vez que ninguém a não ser o soberano pode resolvê-las", mas "nem o direito nem a razão afiançam a tese de que a fronteira entre países ou estados seja, por natureza, questão mais política que qualquer outro assunto sobre o qual eles possam contender..." Em seguida, ele comenta a respeito de questões políticas e jurídicas:

> Somos levados, desse modo, a reconhecer a verdadeira linha divisória entre o poder político e o poder judiciário e suas respectivas questões. Um soberano decide por sua própria vontade, que é a lei suprema dentro de seu território; 6 Peters, 714; 9 Peters, 748; um tribunal, ou um juiz, decide de acordo com o direito prescrito pelo poder soberano, e esse direito é a regra para o julgamento. A apresentação a um tribunal de direito ou de justiça, por parte de soberanias ou de estados, de uma disputa entre eles, sem a prescrição de nenhuma regra de decisão, dá poder para que se decida de acordo com o direito adequado ao caso; 11 Ves. 294; que depende da matéria, da fonte e da natureza das reivindicações das partes, e do direito que as rege. A partir do momento dessa apresentação, a questão deixa de ser política e de ser decidida pelo *sic volo, sic jubeo* do poder político. Ela vai ao tribunal para ser decidida por discernimento, sabedoria jurídica e solene consideração das regras de direito apropriadas a sua natureza de questão judicial, dependente do exercício do poder judiciário; uma vez que este está obrigado a agir por princípios estabelecidos e conhecidos de jurisprudência nacional ou local, conforme as exigências do caso.[8]

---

8. 12 Peters 657, 737. O caso é citado por George A. Finch, diretor do Carnegie Endowment for International Peace, no *Annual Report for 1943 of the Division of International Law*, p. 11. Finch afirma: "Não é preciso ressaltar que em qualquer planejamento para um mundo pós-guerra baseado no direito e na ordem, um tribunal de justiça internacional deve fazer parte da estrutura proposta. Na opinião do diretor, o maior defeito das tentativas anteriores de organização internacional foi a ênfase indevida sobre a resolução de disputas internacionais por organismos políticos e a desconsideração da eficiência maior com que muitas questões ditas políticas poderiam ser tratadas se resumidas a termos jurídicos e encaminhadas a um tribunal internacional." Depois de cha-

Na medida em que as relações entre entidades – indivíduos particulares ou Estados – são reguladas por um ordenamento jurídico, todos os possíveis conflitos entre essas entidades, quer de caráter econômico, quer de caráter político, são ao mesmo tempo conflitos jurídicos se julgados pelo ordenamento jurídico; e, objetivamente, eles sempre podem ser julgados pelo ordenamento jurídico apesar de, do ponto de vista de certos interesses subjetivos, poder não ser desejável tratá-los como tal.

A afirmação de que o direito desempenha papel menor no controle social internacional, quando tomada literalmente, não tem sentido. Se o direito internacional positivo é reconhecido como sistema de normas jurídicas que regem as relações internacionais, a parte que esse direito desempenha nos assuntos internacionais não é menor nem maior que a parte desempenhada pelo direito nacional nos negócios nacionais. Pode ser que o papel que o direito internacional desempenha nas relações entre Estados seja menos satisfatório que o papel desempenhado pelo direito nacional nas relações entre particulares. Não se pode, contudo, negar que o direito nacional também regula de maneira insatisfatória muitas relações entre particulares. Não obstante, ninguém diria que *por isso* o direito nacional desempenha apenas uma parte menor no controle social na-

---

mar a atenção para a citada decisão da Suprema Corte, o sr. Finch declara: "É interessante notar neste contexto que as tentativas meticulosas de traçar diferenças quanto ao modo de resolução de questões jurídicas e políticas nasceram do empenho do presente século em formular condições para a arbitragem obrigatória de disputas futuras. Essas distinções não encontram lugar nas inúmeras arbitragens *ad hoc* de disputas anteriores ocorridas nos séculos precedentes. Os Estados Unidos foram parte da arbitragem de uma série de importantes disputas de fronteira com outras nações. A Grã-Bretanha certamente não pensou que a controvérsia das reivindicações do Alabama com os Estados Unidos não fosse questão política, e foi necessário que os Estados Unidos estipulassem no tratado de arbitragem os princípios do direito a ser aplicados pelo tribunal. Centenas de outros casos menos conhecidos arbitrados por muitos países envolviam uma grande variedade de questões que poderiam facilmente ser classificadas como políticas, e não jurídicas, se não estivesse presente a vontade de arbitrar."

cional. Pode haver uma diferença qualitativa entre dois sistemas jurídicos de forma que um seja mais justo que o outro. Exclui-se, entretanto, uma diferença quantitativa, isto é, que um sistema regule mais relações e outro regule menos, de modo que o número de relações não reguladas por este último seja maior. A função de um sistema jurídico é obrigar as pessoas a ele sujeitas a se comportarem de determinada maneira umas em relação às outras. Se uma pessoa – um particular ou um Estado – não é obrigada juridicamente a se comportar de determinada maneira em relação a outra pessoa, a primeira é autorizada juridicamente a se comportar nesse aspecto da maneira que bem lhe aprouver. O que não é juridicamente proibido é juridicamente permitido. Se o direito internacional, consuetudinário ou convencional, não obriga o Estado "A" a permitir a imigração de cidadãos do Estado "B", o Estado "A" é juridicamente livre para permitir ou não permitir a imigração de cidadãos do Estado "B", e não viola nenhum direito do Estado "B" por não permitir a imigração a seus cidadãos. Nesse aspecto, a relação entre o Estado "A" e o Estado "B" não é juridicamente menos regulada que se o direito internacional, consuetudinário ou convencional, obrigasse o Estado "A" a permitir a imigração a cidadãos do Estado "B". As relações que se encontram dentro da esfera do que é juridicamente permitido não são menos reguladas juridicamente que as relações que estão na esfera do que é juridicamente proibido. Nesse ponto não há nenhuma diferença entre o direito nacional e o internacional e, por isso, não há razão para afirmar que o direito desempenha papel menor no controle social internacional que no nacional. O verdadeiro significado dessa declaração não é, ao que parece, a afirmação de um fato, mas, sim, a expressão de um desejo, a saber, excluir, não o direito internacional, o que é impossível, mas a possibilidade de o judiciário internacional interferir em determinadas relações entre Estados reguladas pelo direito internacional positivo.

    Essa é a verdadeira função da distinção entre conflitos jurídicos e políticos tal qual é definida pela conhecida fórmula dos Tratados de Locarno de 1925: as disputas jurídicas são disputas em que as partes estão em conflito quanto a seus respectivos direitos jurídicos, enquanto todas as outras disputas são políticas. Essa definição não é satisfatória. Refere-se somente a direitos jurídicos, embora as disputas digam respeito em primeiro lugar a deveres jurídicos. A fórmula de Locarno cria a falsa impressão de que a diferença entre disputas jurídicas e disputas políticas se refere à matéria do conflito e, consequentemente, que as disputas jurídicas podem distinguir-se das políticas por uma qualidade objetivamente verificável inerente ao conflito. Isso não é verdade. A diferença consiste na forma com que as partes do conflito justificam suas respectivas atitudes. O critério é, portanto, puramente subjetivo. As disputas jurídicas são aquelas em que ambas as partes fundamentam no direito positivo internacional suas respectivas reivindicações e rejeição da reivindicação da outra parte; ao passo que as disputas políticas são aquelas em que pelo menos uma parte fundamenta sua reivindicação ou sua defesa não no direito internacional positivo, mas em outros princípios ou em princípio nenhum.

Se um tratado internacional, que estabelece a jurisdição de um tribunal internacional para a solução de conflitos internacionais, reconhece diferença entre conflitos jurídicos e conflitos políticos e se esse tratado submete apenas os conflitos jurídicos à jurisdição do tribunal, o efeito dessa disposição é que todo Estado tem o poder de retirar qualquer conflito que seja da jurisdição do tribunal e assim se livrar da obrigação de submeter pelo menos alguns de seus conflitos com outros Estados à jurisdição do tribunal. O caráter jurídico ou político de um conflito, pois, depende exclusivamente do arbítrio das partes. Se o Estado "A" reivindica uma parte do território do Estado "B", e "B" se recusa a atender a reivindicação de "A", e ambos baseiam sua respectiva atitude no direito internacional positivo existente, então, e somente então, o conflito é jurídico. Se, porém, "A" fundamenta sua reivindicação não no direito internacional positivo (e isso implica que "A" reconhece que de acordo com o direito internacional positivo "B" tem o direito legal ao território em questão ou, pelo menos, que "A" não nega o direito legal de "B"), então o conflito é político. O mesmo se aplica quando "B" não fundamenta sua rejeição da reivindicação de "A" (esta com base no direito positivo) no direito positivo, o que implica que "B" reconhece ou, pelo menos, não nega que "A" tem o direito legal de reivindicar o território em questão. Se uma parte de dado conflito deseja evitar a jurisdição de um tribunal competente para solucionar conflitos jurídicos, ela precisa apenas reconhecer ou não negar o direito jurídico da outra parte e justificar sua reivindicação ou rejeição à exigência da outra parte por princípios de justiça ou algo assim, ou manter sua atitude sem nenhuma justificação. O tribunal também precisa reconhecer o caráter político de uma disputa quando uma parte justifica sua atitude conflitante para com a outra parte de outra maneira que não seja mediante recurso ao direito internacional positivo.

O ato de reivindicar algo ou rejeitar a reivindicação de outro sem basear essa atitude no direito positivo – e, desse modo, reconhecer ou não negar o direito legal da outra parte – normalmente implica que a parte que não fundamenta sua atitude no direito positivo o considera insatisfatório, injusto etc., e, portanto, deseja que o direito seja mudado. Isso não implica, como às vezes se presume, que não existe norma de direito positivo segundo a qual os conflitos possam ser resolvidos e que, por conseguinte, o direito positivo não pode ser aplicado ao conflito. Essa situação é impossível. Uma ordem jurídica positiva sempre pode ser aplicada a qualquer conflito, não importa qual. Somente dois casos são possíveis: a ordem jurídica contém uma norma que obriga uma parte a se comportar como a outra exige, ou a ordem jurídica não contém essa norma. No primeiro caso, a aplicação da ordem jurídica ao conflito atua de maneira a reconhecer a reivindicação; no segundo caso, a aplicação da ordem jurídica tem como efeito rejeitar a reivindicação.

O sistema normativo da ordem jurídica internacional é aplicável em ambos os casos e, consequentemente, tanto os conflitos políticos quanto os jurídicos são passíveis de apreciação judiciária no sentido legítimo do termo, o que indica que podem ser resolvidos por uma decisão judicial que aplica o direito positivo ao conflito. Porém, o efeito resultante da aplicação das normas jurídicas existentes pode ser, de alguns pontos de vista, insatisfatório, tanto no primeiro quanto no segundo caso. Daí declarar que um conflito é político implica apenas que a parte que não sustenta sua reivindicação ou a rejeição da reivindicação da outra parte no direito positivo o considera insatisfatório, injusto etc.

Se um tratado internacional que estabelece a jurisdição de um tribunal para a resolução de conflitos reconhece a distinção entre conflitos jurídicos e conflitos políticos, ele autoriza as partes em conflito a retirar qualquer conflito da jurisdição do tribunal toda vez que a parte considere que a aplicação do direito ao conflito é insatisfatória. Por conseguinte, o efeito de uma cláusula que admite apenas conflitos jurídicos para a jurisdição de um tribunal internacional é a anulação da cláusula que obriga o Estado a apresentar seus conflitos à jurisdição do tribunal. Esse efeito é tanto mais paradoxal diante do fato de que a restrição da jurisdição do tribunal a conflitos jurídicos autoriza a parte a evitar a jurisdição precisamente nos casos em que essa parte reconhece ou, pelo menos, não nega o direito legal da outra parte. A distinção entre conflitos jurídicos e conflitos políticos desempenha um papel análogo ao da famigerada cláusula *rebus sic stantibus* (a doutrina de que um tratado internacional deixa de ser vinculante tão logo as circunstâncias em que ele foi firmado sejam alteradas na essência). Exatamente como a última invalida a regra *pacta sunt servanda* (os tratados devem ser cumpridos), a primeira abole o dever de jurisdição obrigatória.

A opinião de uma parte de que o direito que o tribunal deve aplicar ao conflito é insatisfatório não pode ser razão legítima para excluir o conflito de decisão judicial ou arbitragem, isto é, da aplicação do direito existente, uma vez que essa opinião se baseia em um juízo de valor subjetivo da parte interessada. Além disso, mesmo se houvesse um critério mais ou menos objetivo para determinar a suposta insuficiência do direito – o que não existe –, essa insuficiência jamais poderia justificar a não aplicação do direito, pois esse direito é, de acordo com a doutrina em geral aceita, reconhecido por todos os Estados da comunidade internacional e, portanto, também pelas partes em conflito. É sobre esse reconhecimento que a doutrina apoia a força vinculante do direito internacional. A não aplicação dele provoca anarquia e não a mudança no direito que, ao que parece, é desejada pela parte que afirma ser o conflito de natureza política.

A exclusão das chamadas disputas políticas da jurisdição dos tribunais internacionais não pode ser compensada com a apresentação desses conflitos para conciliação por meio de agências não judiciais, como o Conselho da Liga das Nações. Uma vez que é possível não se obter unanimidade nem mesmo maioria para uma recomendação positiva no sentido da resolução do conflito; e uma vez que, se obtida, a recomendação do órgão de conciliação não tem efeito vinculativo sobre as partes, a conciliação não necessariamente leva à resolução do conflito. Isso vale também para quando uma decisão unânime do órgão de conciliação tem força vinculativa sobre as partes[9]. Os casos em

---

9. Em *The International Law of the Future. Postulates, Principles, Proposals. A Statement of a Community of Views by North Americans* (International Conciliation, abr. 1944, n. 399), a diferença entre disputas jurídicas e disputas políticas se mantém. A proposta 17 diz: "A Corte Permanente de Justiça Internacional deve ter jurisdição sobre todas as disputas em que haja conflito entre os Estados em relação a seus respectivos direitos jurídicos e que não estejam pendentes perante o Conselho Executivo, jurisdição esta a ser exercida de acordo com solicitação de qualquer das partes da disputa [...]." Proposta 18: "(1) Agindo por iniciativa própria ou por solicitação de qualquer Estado, o Conselho Executivo deve ter poder para tomar conhecimento de qualquer disputa entre dois ou mais Estados que não esteja pendente perante a Corte Permanente de Justiça Internacional. (2) O Conselho Executivo deve ter poder

que se pode atingir unanimidade dentro de um organismo mais ou menos político são muito raros. Nada é mais perigoso para a paz do que a existência de um conflito não resolvido e para cuja solução pacífica não se prescreve nenhum procedimento obrigatório. Esse tipo de situação é a maior tentação para solucionar o conflito pelo emprego da força, ainda que a força como meio de solucionar conflitos seja proibida por um tratado especial. O completo fracasso do Pacto Kellogg-Briand mostra claramente que é inútil proibir a guerra sem eliminar a possibilidade de existirem conflitos que não sejam resolvidos juridicamente, ou que não sejam passíveis de resolução jurídica. A preservação dessa possibilidade arriscada é a verdadeira função da distinção entre conflitos jurídicos e conflitos políticos.

7. Conciliação

A jurisdição compulsória de um tribunal internacional não exclui um procedimento de conciliação. Se as partes concordarem, o conflito pode ser apresentado antes a uma

---

para tomar as medidas eventualmente necessárias para prevenir o agravamento ou a ampliação da disputa e, pelo voto da maioria, solicitar um parecer consultivo da Corte Permanente de Justiça Internacional sobre qualquer questão jurídica relacionada com a disputa. (3) Se seu empenho em produzir a solução da disputa pelo acordo das partes não obtiver êxito, o Conselho Executivo deve ter poder, pelo voto unânime, de dar uma decisão que seja vinculante sobre as partes; fracassada essa decisão, o Conselho deve ter poder para, por maioria de votos, adotar e publicar um relatório que contenha uma declaração dos fatos e as recomendaçoes consideradas justas e adequadas em relação a eles [...]."

Se o Conselho Executivo não obtiver unanimidade, a disputa permanece sem solução. Este é o princípio que também subjaz aos artigos 12-15 do Pacto da Liga das Nações. As propostas do *The International Law of the Future* visam a um progresso marcante em relação às respectivas disposições do Pacto da Liga das Nações somente na medida em que postulam que a decisão unânime do Conselho Executivo seja obrigatória para as partes, que, consequentemente, seriam obrigadas a executar a decisão; enquanto um relatório unânime do Conselho da Liga das Nações tem simplesmente o efeito de proibir expressamente a guerra contra a parte que cumpre as recomendações.

comissão de conciliação. O tribunal se torna competente apenas no caso de eventual malogro da conciliação. Isso é previsto no artigo 20 do Ato Geral de 1928 para a Solução Pacífica de Disputas Internacionais. O Ato Geral submete também as disputas políticas à decisão judicial (arts. 21-28). Esse progresso, entretanto, é neutralizado completamente pela cláusula do artigo 39, que permite aos Estados condicionarem sua aceitação do Ato Geral a determinadas reservas. Entre as reservas reconhecidas pelo Ato Geral, a mais problemática é a que se refere a "questões que, pelo direito internacional, cabem somente à jurisdição interna dos Estados". Essa é a fórmula bem conhecida do artigo 15, § 8.º, do Pacto da Liga das Nações, uma fórmula muito contestada. Não existem questões que, por sua própria natureza, caibam "somente à jurisdição interna" de um Estado. Qualquer matéria pode se tornar objeto de um tratado internacional e, desse modo, deixar de pertencer somente à jurisdição interna dos Estados contratantes. Uma questão é "exclusivamente" de jurisdição interna de um Estado apenas na medida em que não seja sujeita a uma norma de direito internacional consuetudinário ou convencional. Isso, porém, não significa que essa questão não possa ser a causa de um conflito internacional ou que o direito internacional não possa ser aplicado a esse conflito, pois uma disputa entre Estados surgir de uma questão que "pelo direito internacional cabe exclusivamente à jurisdição interna" de uma das partes significa somente que o direito internacional não obriga a parte a se comportar da forma reivindicada pela outra parte e consequentemente que a primeira tem, de acordo com o direito internacional, o direito de repudiar a reivindicação da segunda. A afirmação de que um assunto que gerou uma disputa internacional pertence exclusivamente à jurisdição interna de uma das partes implica a aplicação do direito internacional ao caso, pois é "pelo direito internacional", de acordo com o artigo 15, § 8.º, do Pacto da Liga das Nações, bem como o artigo 39 do Ato Geral, que o assunto pertence exclusivamente à jurisdição interna da parte. Desse modo, não existe nada na natureza do caso que possa justificar isentar essa disputa da apreciação de um tribunal internacional.

8. A igualdade soberana dos Estados como base de uma organização internacional para a manutenção da paz

Tendo em vista que a Conferência de Moscou declarou o princípio da "igualdade soberana" como a base da organização internacional a ser criada depois desta guerra, é necessário examinar a questão e verificar se um tribunal internacional com jurisdição compulsória no sentido explanado anteriormente é compatível com esse princípio.

A expressão "igualdade soberana" provavelmente quer dizer soberania e igualdade, duas características em geral reconhecidas dos Estados como sujeitos de direito internacional. Falar de igualdade soberana se justifica na medida em que ambos os atributos são normalmente concebidos como associados um ao outro. A igualdade dos Estados é quase sempre explicada como uma consequência de sua soberania ou como se esta implicasse a primeira.

Qual o sentido, conforme se emprega na Declaração das Quatro Potências, de uma palavra tão polissêmica quanto "soberania"? Podemos supor que nessa declaração a palavra "soberania", em geral definida como autoridade suprema, tem um sentido não incompatível com a existência de um direito internacional que impõe deveres e confere direitos aos Estados, visto que "o restabelecimento do direito e da ordem e a inauguração de um sistema de segurança geral" são, segundo a mesma declaração, objetivos de guerra das quatro potências. O "direito e a ordem" a serem restabelecidos com o efeito de inaugurar um sistema de segurança geral só pode ser o direito das nações, a ordem jurídica internacional como um conjunto de normas que cria responsabilidades para os Estados. Se a hipótese é de que os

Estados têm deveres impostos e, por conseguinte, direitos conferidos a eles pelo direito internacional, eles devem ser concebidos como sujeitos ao direito internacional. Com a expressão figurada "ser sujeito" não se quer dizer nada mais, nada menos que a relação de sujeitos de direito com uma ordem jurídica que lhes impõe deveres e confere direitos. A soberania dos Estados, como sujeitos de direito internacional, é a autoridade jurídica dos Estados sob a autoridade do direito internacional. Se soberania significa autoridade "suprema", a soberania dos Estados como sujeitos de direito internacional não pode significar autoridade suprema absoluta, mas tão somente uma autoridade suprema relativa; a autoridade jurídica do Estado é "suprema" na medida em que ele não está sujeito à autoridade jurídica de nenhum outro Estado. O Estado é "soberano" porque está sujeito apenas ao direito internacional, não ao direito interno de Estado nenhum. A soberania do Estado segundo o direito internacional é a independência jurídica do Estado em relação aos outros Estados. Esse é o significado habitual atribuído à palavra "soberania" pelos autores de direito internacional.

A soberania às vezes é definida como um "poder" supremo. Neste contexto, poder significa o mesmo que autoridade, a saber, poder jurídico, a competência de impor deveres e conferir direitos. Se "poder" não tiver esse significado referente à esfera das normas e valores, mas, sim, o sentido de "capacidade de produzir efeitos", um sentido referente ao âmbito da realidade determinada pelas leis de causalidade, será fácil demonstrar que a soberania como poder supremo neste último sentido não pode ser característica dos Estados como entidades jurídicas. No que diz respeito a seu poder real, os vários Estados diferem muitíssimo uns dos outros. Comparado com o que se chama de grande potência e em relação a ela, um Estado como Liechtenstein não tem poder nenhum, embora também seja chamado de potência no jargão diplomático. Se "poder" significa poder real, isto é, a capacidade de produzir efeitos, "poder supremo" significaria ser a causa primeira, a *prima causa*. Neste sentido, somente Deus, como o Criador do mundo, é soberano. Este conceito de soberania é metafísico, não científico. Entretanto, a tendência de divinizar o Estado produz uma teoria política que está mais para uma teologia do que para uma ciência do Estado e, nessa teologia política, a ideia de soberania assume importância metafísica. Soberania no sentido do direito internacional significa a autoridade ou competência jurídica de um Estado, limitada e limitável apenas pelo direito internacional e não pelo direito interno de outro Estado.

Ao designar uma característica essencial dos Estados como sujeitos de direito internacional, a palavra "igualdade" parece, à primeira vista, significar que todos os Estados têm os mesmos deveres e os mesmos direitos. Essa afirmação, contudo, evidentemente não é verdadeira, uma vez que os deveres e os direitos estabelecidos pelos tratados internacionais constituem uma grande diversidade entre os Estados. Por conseguinte, a declaração deve restringir-se ao direito internacional consuetudinário geral. Porém, mesmo de acordo com este, os Estados não têm todos os mesmos deveres nem os mesmos direitos. Um Estado litorâneo tem deveres e direitos diferentes dos de um Estado do interior. A declaração referida será correta apenas se for modificada da seguinte maneira: de acordo com o direito internacional geral, todos os Estados têm a mesma capacidade de ser encarregados de deveres e de adquirir direitos; a igualdade não significa igualdade de obrigações e direitos, mas, sim, igualdade de capacidade para assumir deveres e direitos. A igualdade não é uma igualdade incondicional de deveres e direitos; é o princípio de que, nas mesmas condições, os Estados têm os mesmos deveres e os mesmos direitos. Essa fórmula, entretanto, é vazia e sem importância, já que é aplicável mesmo em caso de desigualdades radicais. Uma norma de direito internacional que confere privilégios às grandes potências poderia ser considerada conforme com o princípio da igualdade, uma vez que pode ser representada como segue: qualquer Estado, com a condição de que seja uma grande potência, usufrui dos referidos privilégios. O princípio de igualdade, como formulado anteriormente, não passa de uma expressão tautológica do princípio da legalidade, isto é, o princípio de que as normas gerais de direito devem ser aplicadas em todos os casos em que, de acordo com seu conteúdo, devam ser aplicadas. É por isso que o princípio da igualdade jurídica, se não é mais que o princípio vazio da legalidade, é compatível com qualquer desigualdade real.

É perfeitamente compreensível, portanto, que a maioria dos autores de direito internacional procurem atribuir importância mais substancial ao conceito de igualdade. Quando classificam os Estados como iguais, eles querem dizer que, de acordo com o direito internacional geral, nenhum Estado pode ser juridicamente obrigado sem sua vontade nem contra ela; que, por conseguinte, os tratados internacionais vinculam simplesmente os Estados signatários; que a decisão de uma agência internacional não vincula um Estado não representado na agência ou cujo representante tenha votado contra a decisão; que o princípio do voto da maioria está excluído do domínio do direito internacional. Outras aplicações desse princípio da igualdade são as regras de que nenhum Estado tem jurisdição sobre outro Estado (e isso significa sobre os atos de outro Estado) sem o consentimento deste – *par in parem non habet imperium* –, e que os tribunais de um Estado não são competentes para questionar a validade dos atos de outro Estado na medida em que esses atos pretendam ter efeito na esfera de validade da ordem jurídica interna desse outro Estado. O princípio da igualdade entendido dessa forma é o princípio da autonomia dos Estados como sujeitos de direito internacional.

De acordo com a doutrina tradicional, a igualdade dos Estados no sentido de autonomia deriva da soberania deles. Todavia, não se podem derivar da soberania do Estado – isto é, do princípio de que um Estado é sujeito apenas ao direito internacional, e não ao direito interno de outro Estado – as normas de que nenhum Estado pode ser obrigado juridicamente sem sua vontade ou contra ela; que os tratados internacionais são vinculantes apenas para os Estados signatários; que um Estado não pode ser juridicamente obrigado pela decisão de uma agência internacional se ele não é representado nesse organismo que cria o direito nem se o representante desse Estado votou contra a decisão; que nenhum Estado tem jurisdição sobre os atos de outro Estado, e assim por diante. Essas normas talvez sejam normas de direito positivo internacional, talvez não; e a soberania dos Estados pode ser consequência dessas normas, e não estas consequência da soberania.

É ilusão crer que se possam derivar normas jurídicas de um conceito como o de soberania ou de qualquer outro conceito jurídico. As normas jurídicas são válidas apenas quando criadas por leis, pelo costume ou por um tratado; e as regras jurídicas que constituem a chamada igualdade dos Estados são válidas não porque os Estados são soberanos, mas, sim, porque essas regras são normas de direito positivo internacional. E são, de fato, normas de direito internacional positivo; mas têm, de acordo com o mesmo direito internacional, exceções importantes. Há tratados internacionais que, de acordo com o direito internacional geral, impõem deveres sobre Estados terceiros, como os tratados que criam as chamadas servidões internacionais, ou tratados que criam um novo Estado e ao mesmo tempo impõem obrigações sobre esse Estado (Dantzig, o Estado do Vaticano). Há casos em que um Estado tem jurisdição sobre os atos de outro Estado sem o consentimento deste. Por meio de um tratado, pode-se criar uma agência internacional em que apenas uma parte dos Estados signatários seja representada, e essa agência pode ser autorizada pelo tratado a adotar por maioria de votos normas que vinculem todos os Estados signatários. Um tratado assim não é incompatível com a ideia de direito internacional nem com a ideia do Estado como sujeito de direito internacional; e é uma verdadeira exceção à norma de que nenhum Estado pode ser juridicamente obrigado sem sua vontade própria nem contra ela. Não se pode dizer, como em geral se diz, que todas as decisões de uma agência criada por um tratado internacional são adotadas com o consentimento de todas as partes contratantes do tratado e que, por conseguinte, nenhuma decisão é adotada sem ou contra a vontade de qualquer dos Estados vinculados pela decisão. Isso é uma ficção em franca contradição com o fato de que um Estado não representado na agência não pode de maneira alguma ter sua vontade expressa no que diz respeito à decisão, e que um representado pode ter votado contra a decisão e, desse modo, declarado expressamente sua vontade contrária.

O fato de que um Estado, por firmar o tratado, deu seu consentimento à competência da agência criada pelo tratado é bastante compatível com o fato de que o Estado pode mudar sua vontade. Entretanto, essa mudança de vontade não tem relevância jurídica; o Estado contratante permanece juridicamente vinculado pelo tratado mesmo se deixar de desejar o que declarou que desejava no momento que firmou o tratado. Somente nesse momento a concordância de vontade dos Estados contratantes é necessária para criar os deveres e direitos estabelecidos pelo tratado. O fato de que o Estado contratante permanece juridicamente vinculado pelo tratado independentemente de uma mudança unilateral de vontade prova de forma clara que um Estado pode ser vinculado mesmo contra sua vontade e que a autonomia do Estado segundo o direito internacional não é, e não pode ser, ilimitada. A vontade cuja expressão é um elemento essencial da conclusão do tratado não é necessariamente a mesma vontade que o Estado tem, ou não tem, no que diz respeito à decisão adotada pela agência criada pelo tratado.

Tendo em vista que, sem dúvida, é possível um tratado assim ser firmado por Estados soberanos com base no direito internacional geral, é um desvio do conceito de soberania sustentar que a criação de uma agência dotada da competência de vincular, por voto da maioria, os Estados representados ou não representados no órgão legislativo é incompatível com a soberania dos Estados como sujeitos de direito internacional. Não existe aí uma impossibilidade lógica, como supõem os que baseiam seus argumentos na ideia de soberania. Mas o que é logicamente possível pode ser politicamente indesejável. Um tratado que cria uma agência competente para tomar decisões que obriguem os Estados signatários não representados no órgão legislativo ou que tenham votado contra a decisão certamente restringe muito mais a liberdade de ação dos Estados signatários que qualquer outro tratado. A diferença, porém, é apenas quantitativa, não qualitativa, uma vez que sob qualquer ordenamento jurídico a liberdade de ação ilimitada é impossível. Pela criação de uma agência dotada de poder legislativo autêntico, é constituída uma comunidade internacional que difere de qualquer outra comunidade internacional no seu grau de centralização. Também isso, porém, é tão somente uma diferença relativa, não absoluta, visto que mesmo essa comunidade centralizada se baseia em um tratado internacional e, consequentemente, tem caráter internacional. Não é propriamente correto dizer que uma comunidade assim, por causa de sua centralização, é um Estado e desse modo deixa de ser uma comunidade internacional. Não existe fronteira absoluta entre esses dois tipos de comunidades, uma das quais é constituída pelo direito nacional e a outra pelo direito internacional, visto que não existe fronteira absoluta entre o âmbito do direito nacional e o do direito internacional. O direito nacional pode surgir do direito internacional como no caso da constituição de um Estado federativo criado por um tratado internacional. Essa constituição é direito nacional uma vez que é a base do direito de um Estado e, ao mesmo tempo, é direito internacional, já que é o conteúdo de um tratado internacional. Só o preconceito dogmático de uma interpretação dualista da relação entre direito nacional e direito internacional pode impedir o reconhecimento desse fato. Nem o fato de um tratado que cria uma agência legislativa restringir a liberdade de ação dos Estados contratantes nem o fato de a comunidade constituída por esse tratado ser mais centralizada que outras comunidades justificam o argumento de que a criação de uma agência legislativa é incompatível com a natureza do direito internacional ou, o que dá no mesmo, com a soberania dos Estados. Porém, pode ser incompatível com o interesse dos Estados cujos governos não desejam ter sua liberdade de ação restringida por uma organização internacional relativamente centralizada e por isso se recusam a firmar um tratado que constitui uma comunidade centralizada.

Podemos, por certo, definir a soberania como nos apraz e assim defini-la de uma forma em que a submissão a qualquer agência dotada de poder legislativo seja incompatível com ela. Não podemos, entretanto, extrair do conceito de soberania nada mais que aquilo que pusemos propositadamente em sua definição. Por conseguinte, a incompatibilidade derivada de nossa definição significa, no fundo, que algo é incompatível com nossos desejos. É um estratagema característico de um método questionável, mas privilegiado entre os juristas, de apresentar como logicamente impossível aquilo que, na verdade, é apenas indesejado politicamente, visto que contraria determinados interesses. Essa tem sido uma das funções mais importantes do conceito de soberania desde que o autor francês Jean Bodin introduziu a ideia na teoria do Estado a fim de demonstrar que o poder de seu rei "não pode" ser restringido porque ele é pela própria natureza soberano e isso significa "o poder absoluto e perpétuo dentro do Estado". Dessa definição de soberania, ele deduziu os "direitos de soberania" e assim garantiu à doutrina da soberania seu tremendo sucesso.

A declaração de que as potências da Conferência de Moscou pretendem criar uma organização internacional com base no princípio da "igualdade soberana de todos os Estados amantes da paz" provavelmente queira dizer que essas potências não estão dispostas a firmar um tratado que constitua uma comunidade internacional mais centralizada do que essas comunidades normalmente são. Certamente significa que os governos envolvidos não têm em vista a criação de uma agência internacional dotada de poder legislativo nem executivo, uma agência que tenha o caráter de um verdadeiro governo. No que diz respeito às funções governamentais da futura comunidade internacional, cuja tarefa será manter o "sistema de segurança geral", dificilmente podemos esperar uma competência mais satisfatória que aquela que o Pacto da Liga das Nações conferiu ao Conselho e à Assembleia. Ambos foram estorvados pelo princípio da igualdade soberana cautelosamente mantido pelo Pacto, o princípio de que nenhum Estado pode ser obrigado sem sua vontade nem contra ela. Por consequência, ambas as agências só podiam tomar decisões que obrigassem os membros por unanimidade de votos e, como sempre, com o consentimento dos membros cujos interesses fossem afetados pela decisão.

É fato, como se mencionou anteriormente neste estudo, que os únicos órgãos internacionais cujo procedimento não é na prática sujeito à regra de que nenhum Estado pode ser juridicamente obrigado a nada sem sua vontade nem contra ela, são os tribunais internacionais. Essas agências são competentes para tomar decisões por voto da maioria, e suas decisões são vinculantes para os Estados que criaram o tribunal por meio de um tratado internacional. Os Estados signatários, entretanto, não são "representados" no tribunal. Uma pessoa é "representada" juridicamente por outra pessoa se esta última é obrigada a seguir as instruções da primeira. Um juiz internacional, no verdadeiro sentido da palavra, contudo, é, pelo menos em princípio, independente – em particular, independente do Estado que o indicou. Ser indicado por uma autoridade não implica necessariamente ser sujeito a essa autoridade. Um "juiz" internacional, no sentido real do termo, não "representa" o Estado que o indicou, ao contrário de um membro de um governo internacional que representa "seu" Estado – isto é, o Estado que o indicou ou delegou – e que está obrigado a cumprir as instruções que lhe foram dadas por seu Estado. Uma pessoa tem o caráter de "juiz" somente se não estiver juridicamente vinculada por instruções do governo que a indicou. Há tribunais internacionais cujos membros não são, pelo menos não em parte, indicados pelos Estados que podem ser vinculados pelas decisões do tribunal. Por exemplo, a Corte Permanente de Justiça Internacional, cujos membros são eleitos pelo Conselho e pela Assembleia da Liga das Nações, não pelos Estados litigantes; ou um tribunal de arbitragem composto igualmente de juízes indicados pelos Estados conflitantes e autorizados a escolher conjuntamente um presidente ou árbitro.

A criação de um tribunal internacional composto de juízes que não são representantes dos Estados conflitantes e que opera de acordo com as decisões votadas pela maioria e vinculativas para os Estados conflitantes em geral é considerada compatível com a soberania e a igualdade dos Estados. Isso se deve à ideia de que os tribunais internacionais são competentes apenas para aplicar o direito positivo internacional às disputas que eles têm de resolver; de que eles não podem impor por suas decisões novos deveres nem atribuir novos direitos aos Estados conflitantes. Ao que parece, o princípio da igualdade soberana é proclamado, em primeiro lugar, para prevenir a possibilidade da imposição de novas obrigações sobre um Estado que não as deseje.

Por conseguinte, a criação de um tribunal com jurisdição compulsória não é incompatível com esse princípio, visto que o tribunal aplica o direito internacional positivo às disputas sujeitas a sua apreciação. Isso também é válido no que diz respeito às decisões de conflitos políticos, já que é possível, como se demonstrou anteriormente, aplicar o direito internacional positivo aos chamados conflitos políticos. Se os Estados não têm permissão para solucionar disputas (inclusive as tais disputas políticas) pelo emprego da força e se todo Estado é obrigado a sujeitar qualquer disputa à apreciação judicial quando a outra parte recorre ao tribunal, então os Estados são obrigados a tratar todas as suas disputas como disputas jurídicas. Pelo Pacto Kellogg-Briand, os Estados eram obrigados a não empregar a força para resolução de disputas, inclusive as políticas. A criação de uma jurisdição compulsória, que vai um passo adiante, não abole a igualdade soberana dos Estados no sentido em que a expressão é em geral entendida. Simplesmente põe fim à possibilidade de haver disputas que não possam ser resolvidas e assim representem, apesar do Pacto Kellogg-Briand, um perigo permanente para a paz, só porque o direito a ser aplicado a esse conflito é considerado, por uma ou por outra parte, insatisfatório para seus interesses. A instituição da apreciação judicial compulsória de disputas internacionais é um meio, talvez o mais eficiente, de preservar o direito internacional positivo.

Um tribunal dotado de jurisdição compulsória não aplicará única e exclusivamente o direito internacional positivo às disputas submetidas a sua apreciação, mesmo se ele não for expressamente autorizado por seu estatuto a aplicar outras normas. Como se assinalou anteriormente, é provável que, nos casos em que a aplicação estrita do direito positivo pareça insatisfatória aos juízes, um tribunal com o poder de decidir todas as disputas sem nenhuma exceção adapte o direito positivo à ideia de justiça e equidade desses juízes. Assim, pode acontecer de ser imposta uma nova obrigação e conferido um novo direito aos Estados conflitantes, de modo que a criação de um tribunal com jurisdição compulsória pode ser considerada incompatível com a igualdade soberana dos Estados, pelo menos na medida em que esse tribunal não aplica única e exclusivamente o direito internacional positivo; e é difícil impedir um tribunal internacional dotado de jurisdição compulsória de aplicar outras normas diferentes das do direito internacional positivo.

Esse não é um argumento conclusivo contra a compatibilidade entre um tribunal com jurisdição compulsória e o princípio da igualdade soberana. No que tange à criação de novas obrigações pela decisão do tribunal, não existe nenhuma diferença fundamental entre esse tribunal e outras cortes internacionais restritas à aplicação do direito positivo. A opinião de que as decisões destas cortes, embora tomadas de acordo com o princípio do voto da maioria dos juízes que não são exatamente representantes dos Estados vinculados pela decisão, são compatíveis com a soberania e a igualdade dos Estados baseia-se na ideia de que a aplicação do direito positivo por uma decisão judicial tem apenas caráter declaratório, não constitutivo, e que a aplicação do direito difere essencialmente da criação do direito. De acordo com a doutrina tradicional, o direito a ser aplicado pela decisão judicial existe antes da decisão. Esse direito preexistente só é contestado na relação entre as partes do conflito. A disputa pode referir-se a fatos (*quaestio facti*) ou ao direito (*quaestio juris*), isto é, à existência de uma norma geral de direito ou a sua interpretação. Todavia, no fundo, mesmo uma disputa que contesta simples fatos gira em torno de questões jurídicas. Não é a existência nem a interpretação de uma norma geral de direito que se discute, é a aplicabilidade dessa regra no caso concreto que uma parte reivindica e a outra nega. Isso significa que a norma individual, o dever ou o direito concreto, é objeto de disputa e pode ser ou não derivada da norma geral, de acordo com a existência ou não dos fatos. A doutrina tradicional sustenta que uma decisão judicial que aplica o direito positivo não cria direito; ela apenas encerra a disputa estabelecendo, com autoridade, o direito válido para o caso em mãos. Transforma, por assim dizer, o direito contestado em não contestado e, por fim, em direito indiscutível, constatando a norma geral ou individual que, embora exista objetivamente, é discutida subjetivamente pelas partes. A falácia dessa doutrina é que a comprovação autorizada de um fato disputado, bem como a de uma norma de direito disputada, não é simplesmente um ato declaratório, mas, sim, altamente constitutivo. No caso de se contestar um fato, a decisão judicial que constata que ele ocorreu de verdade "cria" juridicamente o fato e consequentemente constitui a aplicabilidade da norma geral de direito que se refere ao fato. Na esfera do direito, o fato "existe", mesmo que na esfera natural o fato não tenha ocorrido. Se um tribunal de última instância declara que um indivíduo firmou um contrato com outro e não o cumpriu, ou que um indivíduo cometeu homicídio, o não cumprimento contestado do contrato e a comissão do homicídio são fatos jurídicos, mesmo se na realidade o réu não firmou contrato nem o acusado cometeu homicídio. Como fato "jurídico", isto é, como fato a que o direito associa determinadas consequências (deveres, direitos, sanções), o fato e, por conseguinte, suas consequências são "criados" por decisão judicial; e é somente como fato jurídico que ele conta. No caso de uma norma geral de direito ser contestada por causa da existência ou do significado da norma ser duvidoso, a decisão da corte que interpreta o ordenamento jurídico ou uma norma especial desse ordenamento não é menos criativa que a comprovação autêntica e definitiva de um fato como condição essencial da aplicação de uma norma jurídica geral. Não existe um antagonismo absoluto entre a aplicação e a criação do direito, uma vez que até um ato de aplicação do direito é ao mesmo tempo um ato de criação do direito.

Há, sem dúvida, certa diferença entre uma decisão judicial que aplica uma norma de direito positivo preexistente e indisputada e uma decisão judicial que aplica uma norma nova, isto é, não preexistente, que desse modo altera o direito existente e o adapta à mudança das circunstâncias. Essa diferença, entretanto, não é tão marcada quanto parece, uma vez que a interpretação do direito positivo, necessariamente ligada a qualquer ato de aplicação do direito, sempre implica mais ou menos uma alteração do direito. Os tribunais nacionais comuns autorizados a interpretar o direito, e não alterá-lo, apesar disso sempre funcionam na direção de uma evolução gradativa do direito. Consequentemente, a diferença entre um tribunal internacional dotado de jurisdição compulsória e, portanto, mais inclinado que outros tribunais internacionais a adaptar o direito existente às circunstâncias variantes, e outros tribunais internacionais não é tão grande a ponto de a sujeição ao primeiro poder ser recusada por não ser compatível com o princípio da igualdade soberana dos Estados. Com referência a esse princípio, não é a diferença entre os tribunais com jurisdição compulsória e os tribunais sem jurisdição compulsória que é decisiva. É a diferença essencial existente entre a evolução lenta e quase imperceptível do direito por meio das decisões judiciais e a mudança mais ou menos drástica do direito por meio das agências legislativas, isto é, órgãos criados para o único propósito de substituir o direito antigo pelo novo. Essa diferença explica por que a sujeição a um órgão legislativo, mas não a um tribunal, é considerada incompatível com o princípio da igualdade soberana. Esse princípio funciona como proteção contra as mudanças rápidas e relativamente importantes do direito, mas não contra todas as mudanças, pois o direito, por sua própria natureza, não é um sistema estático, mas, sim, dinâmico.

O verdadeiro motivo para a opinião em geral reconhecida de que a apresentação do caso à decisão de um tribunal internacional não é incompatível com o princípio da igualdade soberana não é tanto a ideia de que esses tribunais não podem impor novas obrigações aos Estados conflitantes; esse efeito é praticamente inevitável. A razão para esse ponto de vista é que as decisões judiciais são objetivas e imparciais e não são decretos políticos emitidos de acordo com o princípio de que o poder antecede o direito, princípio que é uma negação do próprio direito. Mesmo se a decisão de um tribunal internacional não constitui a aplicação estrita de uma norma jurídica preexistente, presume-se que pelo menos seja fundamentada na ideia do direito – isto é, em uma norma que, embora ainda não positivada no direito, deve, de acordo com a convicção dos juízes independentes, transformar-se em direito e se tornar direito positivo para o caso solucionado pela decisão judicial específica. É a submissão ao direito, direito este que não é um sistema de valores imutáveis, mas um corpo de normas que mudam lenta e constantemente, que não é incompatível com o princípio da igualdade soberana , visto que somente esse direito garante a coexistência dos Estados como comunidades iguais e soberanas[10].

9. As experiências da Liga das Nações

Por fim, a tese de que o próximo e mais importante passo em direção à paz internacional é a criação de um tribunal internacional com jurisdição compulsória é confirmada pelas experiências da Liga das Nações. Essa união de Estados, que até agora é a maior comunidade internacional fundada para garantir a paz internacional, fracassou completamente. Seu colapso pode ser atribuído a várias causas. Uma das mais importantes, se não a decisiva, foi um erro fatal em sua constituição: o fato de que os autores do Pacto puseram no centro dessa organização internacional não a Corte Permanente de Justiça Internacional, mas uma espécie de governo internacional, o Conselho da Liga das Nações. A Assembleia da Liga, seu outro órgão, situado ao lado do Conselho, dá a impressão de um poder legislativo internacional. O dualismo de governo e parlamento talvez

---

10. Um tribunal com jurisdição compulsória foi o objeto da Convenção para a Criação de uma Corte de Justiça Centro-Americana, assinada em 20 de dezembro de 1907, em Washington, pelos governantes das Repúblicas da Costa Rica, Guatemala, Honduras, Nicarágua e El Salvador. O artigo 1.° dessa Convenção diz: "[...] e mantêm um tribunal que será chamado 'Corte de Justiça Centro-Americana', à qual se obrigam a submeter todas as controvérsias ou questões que possam surgir entre eles, de qualquer que seja a natureza e não importa de que origem seja, no caso de o respectivo Ministério de Relações Exteriores não ter sido capaz de chegar a um entendimento". De acordo com o Preâmbulo, a Convenção foi firmada pelos Estados contratantes "com o objetivo de garantir com eficiência seus direitos e manter a paz e a harmonia inalteráveis em suas relações, sem ser obrigados a recorrer em caso nenhum ao emprego da força". A submissão à jurisdição compulsória da Corte não só foi considerada compatível com a soberania e a igualdade dos Estados signatários, mas também um meio de assegurar seus direitos de sujeitos iguais e soberanos de direito internacional. A Convenção foi firmada apenas por dez anos (art. XXVII). A Corte foi dissolvida em 1918.

tenha estado mais ou menos claramente presente na mente dos fundadores quando criaram os dois principais órgãos da Liga.

Poderia ter sido previsto desde o início que um governo mundial não lograria êxito se suas decisões tivessem de ser tomadas por unanimidade, sem obrigar nenhum membro contra sua vontade, e se não houvesse um poder centralizado para executá-las. Não é de admirar que um parlamento mundial, ou como quer que se chame a Assembleia da Liga das Nações, só tenha valor nominal se o princípio da maioria é quase completamente excluído de seu procedimento. Mas o princípio da maioria, excluído, em geral, do procedimento do Conselho e da Assembleia, foi introduzido sem nenhuma dificuldade na constituição da Corte Permanente de Justiça Internacional.

Uma análise crítica do Pacto e um exame imparcial da atividade da Liga mostra que teria sido mais correto constituir como órgão principal uma corte internacional em vez de um órgão administrativo internacional. De todas as tarefas políticas confiadas à Liga pela sua constituição, somente a função declarada nos artigos 12 a 17, referentes à solução de disputas, tem sido cumprida com algum grau de sucesso. Os resultados obtidos neste campo não foram, entretanto, proporcionais à abrangência da organização nem de sua máquina burocrática. A razão é que nem um órgão administrativo internacional, como o Conselho da Liga das Nações, nem um suposto parlamento, como a Assembleia, é adequado para essa tarefa, que por natureza só pode ser realizada satisfatoriamente por uma corte internacional.

O Pacto da Liga colocou o Conselho, e não a Corte Permanente, no centro da organização internacional porque conferiu à Liga não apenas a tarefa de manter a paz na comunidade, resolvendo disputas e restringindo o armamento dos Estados-membros, mas também o dever de proteger esses Estados contra a agressão da parte de Estados não membros da Liga. Essa proteção dos Estados-membros contra a agressão externa era muitíssimo necessária porque o desarmamento foi posto como o principal objetivo da Liga. A constituição de uma comunidade internacional só pode obrigar um Estado-membro a restringir consideravelmente seus armamentos se esse Estado puder contar com a ajuda eficaz da comunidade no caso de ser atacado por outro Estado não pertencente a ela e, portanto, não obrigado a desarmar-se. Isso só é possível se o desarmamento dos membros for acompanhado pelo armamento da comunidade, se for constituída uma força armada que esteja à disposição do órgão central. Essa centralização do poder executivo não é possível em uma comunidade de direito internacional cuja organização não exceda o grau habitual de centralização e, portanto, não é prevista pelo Pacto da Liga. Se é impossível criar uma força armada para a comunidade de Estados – em outras palavras, se não é possível criar um Estado federativo –, então a assistência prestada pela comunidade a uma vítima de agressão externa só pode consistir na obrigação dos outros membros de defender o Estado atacado. Nessas circunstâncias, o dever de desarmamento passa a ser contraditório à necessidade de defesa contra a agressão. Apesar disso, o Pacto da Liga põe em primeiro plano o dever de desarmamento. O desarmamento deve constituir o primeiro dever dos membros da Liga, situado imediatamente depois dos artigos 1.º a 7.º, que tratam da organização da associação.

O dever de um Estado-membro de uma comunidade internacional de defender outro Estado-membro de ataque por um não membro é muito problemático, principalmente quando a organização internacional reúne muitos Estados que não têm fronteira em comum, quando esses Estados se uniram em primeiro lugar com o fim de manter a paz entre eles e quando, afora essa finalidade, eles têm poucos interesses políticos em comum que poderiam uni-los contra o agressor. Talvez seja muito difícil para um governo cumprir a obrigação de defender um Estado-membro e entrar em guerra contra um Estado com o qual esteja em boas relações políticas e econômicas, principalmente se a agressão se basear em fundamentos não totalmente desabonados pela opinião pública do Estado obrigado a dar seu socorro. A situação do Reino Unido e da França no conflito entre a Tchecoslováquia e a Alemanha, situação essa que levou ao Tratado de Munique, é um exemplo típico. Os tratados que obrigam os Estados contratantes a uma guerra conjunta contra Estados terceiros só são eficientes se firmados entre Estados que têm mais interesses em comum e interesses mais importantes que os que constituem a base de uma comunidade internacional cuja tendência é ser o mais universal possível. Por isso não é de surpreender que não apenas o dispositivo do Pacto da Liga referente ao desarmamento, mas também o dispositivo relativo à defesa mútua contra a agressão da parte de Estados não membros (Art. 10) tenham fracassado completamente. A evidente violação da integridade territorial de um Estado-membro em consequência da agressão da parte de um Estado não membro até a destruição total de sua independência política nem sequer foi objeto de deliberação na Liga; e isso a despeito da redação e do espírito do artigo 10[11]. Esse arti-

---

11. O artigo 10 do Pacto da Liga das Nações estabelece o seguinte: "Os membros da Liga se comprometem a respeitar e preservar contra toda agressão externa a integridade territorial e a independência política de todos os Estados-membros da Liga. Caso ocorra qualquer agressão desse tipo, ou ainda qualquer ameaça ou perigo de agressão, o Conselho dará seu parecer sobre os meios pelos quais aquela obrigação se haverá de cumprir." A agressão da parte de Estados não membros e a agressão da parte de Estados-membros não são claramente distinguidas no texto desse artigo. Pela expressão "agressão externa", certos intentos contra a integridade territorial e a independência política de um Estado-membro que venham do próprio interior desse Estado – isto é, de movimentos revolucionários – são excluídos da garantia do artigo 10 (Cf. Hans Kelsen, *Legal Technique in International Law, A Textual Critique of the League Covenant*, 1939, pp. 66ss.). Tendo em vista que esse artigo se refere à agressão externa em geral, e não à agressão da parte dos Estados-membros, interpretou-se que ele estabelece principalmente a obrigação de preservar a integridade territorial e a independência política de todos os membros da Liga contra a agressão da parte de Estados que dela não fazem parte. A agressão da parte de um Estado-membro contra outro Estado-membro é o objeto específico do artigo 16, que prevê sanções econômicas e militares contra um Estado-membro transgressor. No que diz respeito a essa matéria, o artigo 10 e o artigo 16 se interseccionam.

go do Pacto da Liga das Nações obriga os Estados-membros da Liga a preservar a integridade territorial e a independência política de todos os Estados-membros contra agressão externa mesmo se o agressor não for membro. O Conselho dará orientações acerca dos meios pelos quais tal obrigação se haverá de cumprir. O Conselho pode orientar os membros a recorrer à guerra contra o agressor. Além disso, a obrigação de tomar parte em ação militar pode ser imposta aos membros de uma comunidade internacional não para defender um Estado-membro contra agressão por parte de um não membro, mas a fim de reagir contra a agressão perpetrada por um Estado-membro que esteja violando a constituição da Liga. Uma ação militar contra um Estado-membro que atacou outro membro da Liga não é, do pondo de vista da ideologia da Liga, "guerra" no mesmo sentido que uma ação militar contra um Estado não membro agressivo, mas sim uma sanção, isto é, uma reação contra a violação do direito dirigida ao membro delinquente. O propósito de estipular esse tipo de sanção é evitar a guerra e manter a paz dentro da Liga.

Se a constituição de uma liga internacional obriga seus membros a submeter todas as disputas à apreciação de um tribunal e, por conseguinte, estipula que nenhum membro deve em circunstância alguma recorrer, por iniciativa própria, à guerra ou a represálias contra outro membro, a constituição deve dispor sobre a possibilidade da recusa de um membro, desobedecendo à sua obrigação, a dar efeito a uma ordem ou uma decisão do tribunal. Também nesse caso pode ser necessária a ação militar contra o membro delinquente. E, também nessa hipótese, a ação tem o caráter de sanção, e a finalidade de estipular essa sanção é manter a paz dentro da liga.

É verdade que o Pacto da Liga das Nações não obriga os membros a apresentar todas as suas disputas à jurisdição compulsória de um tribunal e não exclui completamente a guerra nem represálias na relação entre os membros. Proíbe, porém, a guerra entre os membros, pelo menos em algumas circunstâncias, e prevê no artigo 16 sanções econômicas e militares contra o membro da Liga que, desobedecendo a suas obrigações, recorrer à guerra contra outro membro. Que as disposições do artigo 16 referentes às sanções contra Estados-membros agressivos demonstraram ser mais eficientes que as do artigo 10, que estabelece medidas contra Estados não membros, é um fato cuja importância para a compreensão do funcionamento de uma comunidade internacional é praticamente impossível ser exagerada. Na verdade, a Liga das Nações, apesar de seu completo fracasso nos casos de agressão por parte de Estados não membros, pelo menos se esforçou um pouco para cumprir sua obrigação nos casos de agressão ilegal efetuada por Estados-membros contra outros Estados-membros. Foi o que ocorreu em relação à Manchúria, à Abissínia e à Finlândia.

As experiências da Liga das Nações mostram que, na medida em que ela não compreende todos os Estados ou, pelo menos, todas as grandes potências, é necessário fazer clara distinção entre a manutenção da paz entre os membros e a proteção contra a agressão vinda de fora; mostra ainda que é difícil fazer cumprir essa última tarefa pelos meios específicos à disposição de uma organização internacional que abarca tantos Estados diferentes. Trata-se de uma tarefa cujo cumprimento não diz respeito, sob nenhum aspecto, a um tribunal internacional. É uma função que extrapola a possível competência de uma corte internacional e até mesmo a capacidade de uma união internacional de Estados cuja organização não excede o grau normal de centralização. Visto que é impossível constituir essa união de Estados como um Estado federativo, parece ser mais correto limitar sua tarefa à manutenção da paz interna e deixar a proteção contra a agressão externa a cargo das alianças políticas entre os Estados-membros. Essas alianças até podem ter o caráter de uniões permanentes, muito mais centralizadas que a Liga toda. Essa união íntima pode ser estabelecida principalmente entre os Estados

Unidos da América e o Império Britânico e deve ser criada se esses Estados aceitarem a responsabilidade do controle político dos países vencidos. Uma união íntima pode ser construída por todos os Estados do continente americano, e deve ser criada se, por um motivo ou outro, um dos efeitos dessa guerra for a unificação econômica e política do continente europeu ou da área do Pacífico, como o primeiro-ministro Churchill deu a entender em seu discurso de 21 de março de 1943, na Câmara dos Comuns[12].

10. Uma Liga Permanente para a Manutenção da Paz

A constituição da liga mais ampla, deixando a proteção contra a agressão externa a cargo das organizações regionais, deve procurar estabelecer a garantia mais forte possível para a manutenção da paz dentro da liga, isto é, a obrigação dos Estados-membros de apresentar todas as suas disputas, sem exceção, à jurisdição compulsória de um tribunal internacional.

Se o principal órgão da liga internacional para a manutenção da paz for um tribunal internacional com jurisdição compulsória, a constituição da liga deve garantir a esse tribunal o mais alto grau possível de independência e imparcialidade. A organização do tribunal passa a ser o problema principal da organização de paz. O Estatuto da Corte Permanente de Justiça Internacional, criado de acordo com o Pacto da Liga das Nações, em 1920, constitui um proveitoso ponto de partida. Esse tribunal antigo não tem jurisdição compulsória. A chamada jurisdição "compulsória opcional" prevista pelo artigo 36 do Estatuto não é compulsória no verdadeiro sentido do termo, uma vez que os membros da Liga têm plena liberdade para submeter-se a sua jurisdição apenas por determinado período de tempo e somente no que diz respeito a determinadas disputas. A in-

---

12. *New York Times*, 22 mar. 1943.

dependência dos juízes em relação a seus próprios governos e a imparcialidade das decisões judiciais no que diz respeito aos Estados envolvidos podem e devem ser asseguradas de uma forma mais eficiente da que foi firmada pelo Estatuto da Corte Permanente de Justiça Internacional, que permite aos governos muita influência no que tange à escolha dos juízes. Se fosse possível organizar a nova corte de uma forma tal que a opinião pública dos países envolvidos tivesse fé na sua independência e imparcialidade, poderíamos ter a fundada esperança de que os governos envolvidos ratificassem um tratado que cria essa corte.

Essa esperança é apoiada pelo discurso anteriormente mencionado do primeiro-ministro Churchill. Ele disse que devemos procurar fazer que a organização internacional seja instituída depois desta guerra "como uma liga eficiente, que reúna em seu tecido todas as forças eficazes interessadas; com uma corte suprema para mediar as disputas; e com forças, forças armadas nacionais ou internacionais, ou ambas, postas de prontidão para aplicar essas decisões e prevenir novas agressões e a preparação de futuras guerras". Churchill, na verdade, nesse contexto falava apenas de uma liga europeia. Mas podemos supor que o governo britânico reconheça o mesmo princípio para a comunidade universal, da qual a liga europeia será apenas um grupo regional. A esperança de formação dessa organização internacional, tendo em seu núcleo uma corte internacional de jurisdição compulsória, se apoia em bases mais sólidas que o sonho de um Estado mundial.

O Pacto de uma Liga Permanente para a Manutenção da Paz (LPMP), apresentado no Anexo I, é esboçado de acordo com os princípios apresentados nos parágrafos precedentes. Algumas disposições do Pacto da Liga das Nações (LN) e do Estatuto da Corte Permanente de Justiça Internacional (CPJI) foram aproveitadas. Nos pontos essenciais, porém, o esboço difere de ambos os instrumentos.

A LPMP é aberta para qualquer Estado que esteja disposto a assumir as obrigações criadas pelo pacto. Assim, é suficiente uma declaração unilateral da parte do Estado que deseja juntar-se à liga (art. 1º). Não é necessário admissão manifesta por maioria de votos dos membros da liga (art. 1º, § 2º do Pacto da LN).

Os órgãos da LPMP são a Assembleia, a Corte, o Conselho e o Secretariado. A Corte é o órgão principal (art. 2º). A Assembleia (art. 3º) e o Conselho (art. 27) são organizados da mesma maneira que a Assembleia e o Conselho da LN. Suas decisões, entretanto, requerem maioria simples de votos exceto quando o pacto previr expressamente outra forma, como nos artigos 38 e 39. No esboço, faz-se distinção entre as decisões da Assembleia que vinculam os membros e as resoluções que não têm efeito jurídico. Essas resoluções podem resultar da discussão de questões que influenciam a situação internacional, com a finalidade de manifestar a opinião predominante na liga. O Conselho nada mais é que uma agência subsidiária da Corte. Sua competência é determinada pelos artigos 30, 35 e 36. A diferença entre membros permanentes e não permanentes do Conselho é mantida. A questão de quais Estados serão membros permanentes do Conselho é política. O esboço propõe: Os Estados Unidos da América, o Reino Unido, a União das Repúblicas Socialistas Soviéticas e a China.

As partes mais importantes do pacto são os artigos referentes à organização da Corte.

O artigo 4º do esboço, referente aos requisitos gerais que devem ser preenchidos pelos juízes, difere do correspondente artigo 2º do Estatuto da CPJI, que diz:

> A Corte Permanente de Justiça Internacional será composta de um corpo de juízes independentes, eleitos independentemente de sua nacionalidade entre pessoas de caráter moral elevado, que tenham os requisitos necessários em seus respectivos países para o exercício dos mais altos postos judiciais ou sejam jurisconsultos de reconhecida competência em direito internacional.

O artigo 4.º do esboço não menciona a independência dos juízes. Essa característica dos membros da Corte é estipulada em um artigo separado (art. 13).

O artigo 4.º do esboço não prevê que os membros da Corte sejam eleitos "independentemente de sua nacionalidade". Essas palavras são supérfluas do ponto de vista técnico-jurídico se no processo de seleção dos juízes não se dá de fato atenção à nacionalidade destes. Todavia, a nacionalidade dos juízes tem, sim, um papel importantíssimo no Estatuto da CPJI. Por isso o artigo 9.º dispõe:

> Em toda eleição, os eleitores devem ter em mente não só que todos os indivíduos indicados a membros da Corte tenham os requisitos necessários, mas também que todo o corpo deve representar as principais formas de civilização e os principais sistemas jurídicos do mundo.

O artigo 10 estabelece:

> Os candidatos que obtiverem maioria absoluta de votos na Assembleia e no Conselho serão considerados eleitos. No caso de mais de um cidadão do mesmo Estado-membro da Liga ser eleito tanto pelos votos da Assembleia quanto do Conselho, somente o mais velho dos dois será considerado eleito.

E o artigo 31 dispõe sobre os chamados juízes nacionais:

> Os juízes cuja nacionalidade seja de uma das partes em conflito conservarão o direito de apreciar o caso apresentado perante a Corte. Se a Corte inclui no tribunal um juiz nacional de uma das partes, a outra parte pode escolher alguém para atuar como juiz. Essa pessoa será escolhida de preferência dentre aquelas que foram nomeadas candidatas conforme preveem os artigos 4.º e 5.º.
>
> Se a Corte não inclui na banca julgadora do caso nenhum juiz nacional das partes conflitantes, cada uma dessas partes pode proceder à escolha de um juiz conforme prevê o parágrafo anterior.

O esboço não adota esses dispositivos.

Por fim, o artigo 4º do esboço difere do artigo 2º do Estatuto da CPJI porque teve a exigência concomitante "os requisitos necessários em seus respectivos países para o exercício dos mais altos postos judiciais" foi suprimida. Propõe-se que a Corte seja composta de dezessete membros (art. 4º), enquanto a CP é composta de quinze membros. O maior número de juízes se explica pelo fato de que, de acordo com o artigo 16, § 2º, do esboço, os juízes que têm por nacionalidade as partes conflitantes são excluídos da decisão de qualquer caso em que seu Estado natal seja uma das partes em conflito. É perfeitamente possível, entretanto, que mesmo o número de dezessete juízes não seja suficiente quando o número de casos a ser decididos pela Corte aumente por causa do caráter compulsório de sua jurisdição. Consequentemente, o artigo 39, § 2º, dispõe que as emendas relativas apenas ao número de juízes terão efeito quando votadas pela Assembleia em maioria simples. É aconselhável tomar providências para a possibilidade de se decidirem casos por Câmaras especiais de cinco ou sete juízes (art. 24, § 2º).

De acordo com o Estatuto da CPJI, os juízes são indicados para um mandato de apenas nove anos; são eleitos pela Assembleia e pelo Conselho da LN entre uma lista de candidatos indicados pelos chamados "grupos nacionais". "Grupo nacional" é aquele que possui quatro indivíduos, no máximo, indicados pelos respectivos governos dos Estados. Cada grupo nacional indica não mais que quatro indivíduos, não mais que dois deles de sua própria nacionalidade. O artigo 6º do Estatuto da CPJI prevê:

> É recomendável que, antes de fazer essas indicações, cada grupo nacional consulte sua mais alta corte de justiça, suas faculdades e escolas de direito, suas academias nacionais e seções nacionais de academias internacionais dedicadas ao estudo do direito.

O Secretário-Geral da LN prepara uma lista em ordem alfabética das pessoas assim indicadas pelos grupos nacionais. Dessa lista é que os membros da CPJI são eleitos pela Assembleia e o Conselho da LN. Tanto na Assembleia quanto no Conselho, os Estados são representados por membros de seus respectivos governos ou por delegados indicados por esses governos. Desse modo, a influência dos governos na escolha dos juízes é decisiva. Durante seu exercício, o juiz continua sendo cidadão do Estado e consequentemente deve lealdade a seu governo. Isso é crucial, uma vez que a reeleição de juízes é possível e até desejável a fim de conservar na Corte a valiosa experiência de seus membros.

O esboço anexo procura fortalecer a independência dos juízes em relação a seus governos com as seguintes medidas: (1) Os juízes são indicados em caráter vitalício, mas podem ser aposentados pela Corte se ficarem física ou mentalmente incapacitados de exercer sua função (art. 17, § 2º). O esboço contém, todavia, um dispositivo alternativo, segundo o qual o juiz é obrigado a aposentar-se quando tiver completado setenta anos de idade. A previsão do artigo 17, § 3º, corresponde à do artigo 18 do Estatuto da CPJI. (2) O esboço elimina os grupos nacionais e concede às instituições envolvidas na administração e no ensino do direito dos Estados-membros – a saber, suas cortes supremas, faculdades de direito etc., que são mais ou menos independentes do governo – influência direta na escolha dos juízes (arts. 6º-12). A indicação dos juízes é diferente no que diz respeito à primeira constituição da Corte e ao preenchimento de vagas no futuro. A primeira constituição da Corte engloba dois procedimentos diferentes. Nove juízes são eleitos diretamente pelas instituições dos Estados-membros anteriormente mencionadas (art. 10). Esses juízes são indicados pelas instituições de Estados dos quais os candidatos não sejam cidadãos. Isso é efetuado pela disposição (art. 8º) de que a primeira parte da lista de candidatos contenha os nomes de pessoas indicadas por instituições que não sejam da mesma nacionalidade dos candidatos e de que os primeiros nove indivíduos registrados nessa parte da lista serão considerados indicados como juízes da Corte. A chance de uma pessoa vir a ser um desses nove juízes é determinada em primeiro lugar pelo número de Estados cujas instituições a indicaram; em segundo lugar, pelo número de instituições que indicaram a pessoa. A Assembleia elege oito juízes, escolhidos da parte da lista de candidatos que contém os nomes das pessoas indicadas pelas instituições de seus Estados (art. 9º). O último preenchimento de vagas ocorre de acordo com o princípio de cooptação pela Corte e é combinado com a eleição pela Assembleia. (3) O artigo 14 do esboço estabelece que a cidadania dos juízes e a lealdade a seus respectivos governos sejam suspensas durante o exercício da função. A fim de compensar as desvantagens da privação temporária de cidadania, é previsto que o documento que certifica a participação como membro da Corte seja reconhecido como passaporte diplomático.

Com o objetivo de garantir o mais alto grau possível de imparcialidade, o esboço difere em essência do Estatuto da CPJI. O artigo 31 do Estatuto (citado anteriormente), que prevê juízes nacionais, obviamente pressupõe que a imparcialidade de um juiz é prejudicada quando uma das partes conflitantes é o seu próprio país. O Estatuto procura neutralizar a parcialidade desse juiz com a parcialidade de outro juiz, que pode ser de nacionalidade da outra parte. Não é uma solução ideal para o problema. Ao que parece, a solução oposta é uma garantia melhor de imparcialidade judicial: nenhum juiz é autorizado a participar da decisão de qualquer caso em que seu Estado de origem seja uma das partes em conflito. Seu Estado de origem é o Estado do qual ele era cidadão antes de ser indicado para membro da Corte e do qual voltará a ser cidadão depois que deixar de ser membro da Corte, uma vez que sua cidadania é suspensa apenas durante esse período. Essa é a solução proposta pelo artigo 16, § 2º.

A jurisdição compulsória da Corte é estipulada pelos artigos 31-37. O esboço não prevê, mas não exclui um procedimento de conciliação. De acordo com o artigo 31, a disputa deve ser resolvida por decisão judicial se uma das partes a apresentar à Corte. Consequentemente, só é possível o procedimento de conciliação se ambas as partes concordarem com ele. Esse acordo é compatível com o pacto. No caso em que as partes concordam em recorrer à conciliação, o artigo 31 do pacto só é aplicável se a conciliação não ocorrer.

O artigo 38 do esboço é uma tentativa de melhorar o artigo 19 do Pacto da LN. Este último prevê:

> A Assembleia pode, periodicamente, aconselhar a reconsideração, pelos membros da Liga, de tratados que se tornaram inaplicáveis e a análise de condições internacionais cujo prosseguimento poderia pôr em risco a paz mundial.

É fácil entender por que esse artigo jamais foi aplicado. Era inaplicável desde o início, porque a decisão da Assembleia só poderia ser tomada por unanimidade de votos e, mesmo se tomada, não teria tido nenhum efeito jurídico. Não valia a pena obter o voto unânime da Assembleia apenas para dar um conselho não vinculante aos membros. O artigo 38 do esboço procura estabelecer um tipo de legislação negativa. A Assembleia não tem poder para impor normas positivas vinculantes aos membros; pode apenas invalidar tratados internacionais que põem a paz em risco. Esse artigo, contudo, não é de forma alguma essencial.

O artigo 39, § 1.º, do esboço, que diz respeito a emendas ao pacto, corresponde, em princípio, ao artigo 26 do Pacto da LN, levando em conta a emenda a esse artigo aprovada em 1921. Existe, todavia, uma diferença marcante, pois o artigo 39 do esboço não exige da parte dos governos nenhuma ratificação da decisão da Assembleia, e o membro da liga que tenha votado contra a emenda não pode escapar de sua força vinculativa retirando-se da liga, conforme preveem os dispositivos expressos do artigo 26, § 2.º, do Pacto da Liga das Nações.

O Pacto da LPMP, conforme esboço no Anexo, não confere aos membros o direito de secessão, como confere o Pacto da LN no artigo 1.º, § 3.º, e artigo 26, § 2.º. Tampouco o Pacto da LPMP estabelece a expulsão de um membro como sanção contra violação do Pacto, como faz o Pacto da LN no artigo 16, § 4º. A possibilidade de se retirar da liga equivale tão somente, na prática, à possibilidade de se livrar da obrigação de não recorrer à guerra contra um membro da liga. A diferença entre a LN e a LPMP neste ponto consiste praticamente apenas no caráter da reação contra o agressor. Se um membro da LN se retirou da liga a fim de se pôr em condições de atacar outro membro da liga sem violar o pacto, o artigo 10 do Pacto da LN tem de ser aplicado. Isso significa que a reação da liga contra o agressor tem o caráter de guerra ou represália. De acordo com o esboço de pacto da LPMP, a agressão é sempre uma violação do pacto, e a reação da LPMP é sempre uma sanção dirigida contra o transgressor do pacto. Uma confederação internacional de Estados, cujos membros não têm direito de secessão, não é algo sem precedente. O Pacto Kellogg-Briand constitui um exemplo importante. Ele não confere às partes contratantes a possibilidade jurídica de denunciar o tratado unilateralmente, a qual equivale a uma declaração unilateral, emitida por um Estado-membro, de que está se retirando da comunidade jurídica constituída pelo tratado.

    Deve-se observar outra diferença essencial entre a LN e a LPMP no fato de a função da LPMP se restringir à manutenção da paz na comunidade solucionando todas as disputas entre os membros por meio de decisões judiciais. Por isso nenhuma obrigação de proteção mútua contra agressão externa (art. 10 do Pacto da LN) se impõe aos membros; e, por conseguinte, não se estipula nenhuma obrigação de desarmamento dos membros (arts. 8º e 9º do Pacto da LN). O desarmamento dos Estados derrotados será estipulado pelos tratados de paz, dos quais o Pacto da LPMP deve ser separado. Deve-se evitar o grande erro cometido quando se fez do Pacto da LN parte dos Tratados de Paz de 1920[13]. A LPMP será uma comunidade jurídica e não política.

---

13. Cf. Hans Kelsen, "The Separation of the Covenant of the League of Nations from the Peace Treaties", *The World Crisis, Symposium of Studies*

* * *

Se fosse possível obter, por meio de um tratado como o ora proposto, a ratificação dos Estados Unidos, do Reino Unido, da China e da União Soviética, seria praticamente certo que essas grandes potências respeitariam escrupulosamente as estipulações do tratado e, se mandadas pela Corte ou pelo Conselho, executariam as decisões judiciais contra qualquer membro da liga que ousasse violar o pacto e, particularmente, se recusasse a obedecer à Corte. O próprio fato de as quatro importantes potências serem consideradas garantidoras do pacto tornaria improvável que ele fosse gravemente violado.

A objeção de que um pacto assim estabeleceria a hegemonia dos quatro garantidores sobre os outros membros da liga não se justifica plenamente. Desde que os próprios garantidores respeitem o pacto, a "hegemonia" deles não é nada mais que a aplicação da lei. Eles são o poder "por trás do direito" postulado pelos realistas que concebem o direito como mera ideologia de força. Dessa perspectiva realista, a verdadeira função do pacto talvez seja assegurar que o exercício do predomínio inevitável das grandes potências não tenha nenhum outro propósito e não assuma nenhuma outra forma que não os estabelecidos pelo direito. Impedir a possibilidade de que os próprios garantidores deixem de obedecer à lei é impossível, não só no que diz respeito ao tratado proposto, mas também com respeito a toda e qualquer ordem jurídica, uma vez que nenhuma ordem jurídica pode resolver o problema de *quis custodiet custodes*.

No discurso de 24 de maio de 1944, à Câmara dos Comuns, o primeiro-ministro Churchill disse: "Nossa intenção é criar uma ordem e uma organização mundiais equipadas com todos os atributos de poder necessários para prevenir guerras futuras ou o planejamento delas com antecedência

---

Published on the Occasion of the Tenth Anniversary of the Graduate Institute of International Studies, Geneva (1938), pp. 133-59.

pelas nações inquietas e ambiciosas." A "organização mundial" que propunha, disse ele, assimilaria boa parte da estrutura da Liga das Nações, mas dessa vez teria de ser dotada de um "poder militar avassalador"[14]. Quanto mais eficiente o poder conferido à organização internacional, maiores as garantias que devem ser dadas por sua constituição de que esse poder será exercido somente para manutenção do direito; e a única garantia séria para o exercício legal do poder é o dispositivo de que as forças armadas à disposição da liga – quer uma verdadeira força policial internacional, quer as forças armadas de um ou de alguns Estados-membros – devem ser empregadas não por ordem de um corpo político, mas na execução da decisão de um tribunal.

---

14. *New York Times*, 25 maio 1944.

PARTE II
A paz garantida pela responsabilização individual por violações do direito internacional

11. A responsabilidade individual dos autores da guerra

Um dos meios mais eficientes de prevenir a guerra e garantir a paz internacional é a criação de leis que estabeleçam a responsabilidade individual das pessoas que, como membros de governo, violaram o direito internacional recorrendo à guerra ou provocando-a[1]. É princípio fundamental de direito internacional que a guerra só seja permitida como reação contra um dano sofrido – quer dizer, como sanção –, e qualquer guerra que não tenha esse caráter é delito, isto é, uma violação do direito internacional. Essa é a essência do princípio da *bellum justum* (guerra justa)[2]. Quase todos os Estados são partes contratantes do Pacto Kellogg-Briand, segundo o qual a guerra, como meio de política nacional, é proibida. Recorrer à guerra pode ser um delito não só de acordo com o direito internacional geral ou de acordo com o Pacto Kellogg-Briand, mas também de acordo com um tratado especial firmado por dois Estados, como um pacto de não agressão, por exemplo.

---

1. Cf. Hans Kelsen, "Collective and Individual Responsibility in International Law with Particular Regard to the Punishment of War Criminals", *California Law Review* (1943), vol. 31, pp. 530ss.

2. A maior parte dos autores de direito internacional não reconhece o princípio da guerra justa como norma de direito positivo. Em Hans Kelsen, *Law and Peace in International Relations* (1942), pp. 34ss., apresentam-se os principais argumentos pró e contra.

Não pode haver dúvida de que a Alemanha, ao recorrer à guerra contra a Polônia e a Rússia soviética; a Itália, recorrendo à guerra contra a França; e o Japão, recorrendo à guerra contra a China e os Estados Unidos violaram não apenas o princípio da *bellum justum* do direito internacional, mas também o Pacto Kellogg-Briand, do qual são partes signatárias as potências do Eixo. Além disso, a Alemanha, recorrendo à guerra contra a Polônia e a Rússia soviética, violou os pactos de não agressão firmados com esses Estados. A exigência de punir os criminosos de guerra é, ou deveria ser, acima de tudo, a exigência de punir os autores da Segunda Guerra Mundial, os indivíduos moralmente responsáveis por um dos maiores crimes da história da humanidade.

Punir os autores de uma guerra significa responsabilizar determinados indivíduos, punindo-os por atos cometidos por eles, a seu comando ou com sua autorização. Isso não significa punir um Estado como tal, isto é, um Estado como corpo organizado. A maioria dos autores sustenta que as sanções que o direito internacional prevê contra os Estados como tais, a saber, represálias e guerra, não são punições no sentido do direito penal. Entretanto, a diferença entre as sanções específicas do direito internacional dirigidas contra Estados e as sanções do direito penal dirigidas contra indivíduos não é claramente manifesta. A "pena" é a privação forçada da vida, da liberdade ou da propriedade a título de retribuição ou de prevenção. Essa definição se aplica às sanções específicas do direito internacional, bem como a guerras e represálias. O fato de o perpetrador precisar ter agido com dolo, ter causado o efeito danoso de sua conduta voluntária e maldosamente ou por negligência não exclui, como às vezes se afirma, a "punição" dos Estados. A regra de *mens rea* (dolo) não deixa de ter exceções. O fato de um indivíduo ter de ser punido apesar de não ter agido propositada e maldosamente ou com negligência culposa, a chamada "responsabilidade objetiva", não está completamente excluído, mesmo no direito penal moderno. Além do mais, de acordo com alguns autores, um Estado é responsável por seus atos somente se estes forem cometidos voluntária e maldosamente ou com negligência culposa por seus órgãos[3]. A opinião de que o Estado como órgão corporativo não pode agir com dolo porque não tem funções psíquicas não é conclusiva. O Estado age somente por meio de indivíduos; os atos de Estado são atos realizados por indivíduos como órgãos representantes do Estado e, portanto, atos imputados ao Estado. Se apenas os atos cometidos pelos órgãos de Estado "voluntária e maldosamente ou por negligência culposa" são imputáveis ao Estado como delitos, é bem possível dizer que o Estado precisa ter "intenção dolosa" a fim de ser responsabilizado por um delito. Se é possível imputar ao Estado atos físicos realizados por indivíduos ainda que o Estado não tenha corpo físico, deve ser possível imputar atos psíquicos ao Estado ainda que o Estado não tenha alma. A imputação ao Estado é uma ficção jurídica, não uma descrição da realidade natural.

Para refutar a doutrina predominante de que *societas delinquere non potest* (a pessoa jurídica não pode cometer crime) e provar que os Estados podem incorrer em responsabilidade criminal, não é necessário fazer a inútil tentativa de demonstrar que o Estado como pessoa jurídica não é uma ficção, mas um ser real, um organismo supraindividual etc.[4]. A questão decisiva não é se o Estado é uma ficção jurídica ou uma entidade real, mas se as sanções que se devem dirigir ao Estado como tal, isto é, guerra e represálias, podem ser interpretadas como "pena". É certo que tal interpretação é possível. Há, todavia, uma diferença importante entre as sanções que o direito internacional prevê contra os Estados e as sanções previstas pelo direito penal moderno.

---

3. Cf. L. Oppenheim, *International Law* (5. ed., 1937), vol. I, p. 227.
4. Por exemplo: Vespasian V. Pella, "De l'influence d'une jurisdiction criminelle internationale", *Revue Internationale de Droit Pénal* (1926), vol. 3, pp. 391ss.

A diferença consiste no fato de que a punição ou pena – pelo menos no direito penal moderno – implica a responsabilidade individual, enquanto as sanções específicas do direito internacional implicam a responsabilidade coletiva. A punição se dirige contra o indivíduo que, com sua conduta, violou o direito, cometeu pessoalmente o crime; desse modo, o direito penal dirige suas sanções contra um indivíduo precisamente determinado, aquele que, por sua conduta, praticou o ato que constitui crime. O direito penal estabelece a responsabilidade individual. As sanções específicas do direito internacional, as represálias e a guerra, não se dirigem contra o indivíduo cuja conduta constitui a violação do direito internacional. As represálias e a guerra se dirigem diretamente contra o Estado como tal e isso significa os súditos ou cidadãos do Estado, contra indivíduos que não cometeram o delito ou não tiveram a capacidade de impedi-lo. Os indivíduos contra os quais as represálias e a guerra se dirigem são os súditos ou cidadãos do Estado cujo órgão violou o direito internacional. À questão "Contra quem se devem dirigir as sanções?", o direito internacional não dá a mesma resposta que o direito penal nacional, designando determinado ser humano individualmente; antes, designa determinado grupo de indivíduos, indivíduos que estão em determinada relação jurídica para com o indivíduo que, por sua conduta, praticou o ato que constitui delito – a saber, os indivíduos que são súditos ou cidadãos do Estado cujo órgão cometeu o delito. Essa é a estratégia da responsabilidade coletiva. Afirmar que, de acordo com o direito internacional, o Estado é responsável por seus atos significa que os súditos ou cidadãos do Estado são responsáveis coletivamente pelos atos dos órgãos do Estado; e afirmar que o direito internacional impõe deveres aos Estados, e não aos indivíduos, significa, em primeiro lugar, que as sanções específicas do direito internacional, represálias e guerra, se aplicam quando é reconhecida uma responsabilidade coletiva, não individual.

12. A responsabilidade individual determinada pelo direito internacional geral

A fixação da responsabilidade coletiva pelo direito internacional constitui, todavia, uma regra com consideráveis exceções. Existem normas de direito internacional geral pelas quais a pessoa contra quem a sanção deve ser dirigida é determinada e reconhecida individualmente como aquela que, por sua conduta, violou o direito internacional. Essas regras estabelecem a responsabilidade individual. Um exemplo dessa norma de direito internacional é a que proíbe a pirataria. O delito, cometido em alto-mar, é definido diretamente pelo direito internacional geral, que autoriza os Estados a atacar, capturar e punir o pirata. O direito internacional não autoriza os Estados a recorrer a represálias nem à guerra contra o Estado cujo cidadão ou navio tenha cometido atos de pirataria. Autoriza, sim, os Estados a executar sanções somente contra os indivíduos que cometeram atos de pirataria. A norma de direito internacional geral que confere aos Estados o poder jurídico de processar os piratas é uma restrição de outra norma de direito internacional, a saber, a norma que estabelece a liberdade do alto-mar. Se o direito internacional não conferisse aos Estados o direito de atacar, capturar e punir o pirata, esses atos seriam violações do princípio da liberdade do alto-mar. A norma que estabelece a liberdade no alto-mar só pode ser restrita por uma norma de direito internacional geral. O fato de que a especificação da pena é deixada para o direito nacional e o julgamento do pirata, para os tribunais nacionais, não despoja o delito e a sanção de seu caráter internacional. O Estado que, em sua lei penal, atribui à pirataria determinada pena e pune um pirata por meio de seus tribunais executa o direito internacional e funciona como um órgão da comunidade internacional, do mesmo modo que um Estado que recorre a represálias contra outro Estado que violou seu direito aplica o direito internacional. As represálias são sanções internacionais porque sua base jurídica é o direito internacional, embora sejam executadas por órgãos do Estado prejudicado. O mesmo vale para a punição de piratas por tribunais nacionais; o tribunal é um órgão do Estado assim como são suas agências administrativas ou suas forças armadas, por meio das quais ele exerce represália. A norma de direito internacional que proíbe a pirataria é uma norma de direito penal internacional, que impõe um dever jurídico diretamente aos indivíduos e gera responsabilidade individual. Consequentemente, a doutrina de que o direito internacional por sua própria natureza não pode obrigar indivíduos, e assim não pode ter o caráter de direito penal, não é correta.

Outras normas de direito internacional geral pelas quais os indivíduos são obrigados diretamente e se cria a responsabilidade individual são as normas referentes à violação de bloqueio e transporte de artigos contrabandeados. Nesses casos, o direito internacional geral não só determina diretamente o indivíduo contra o qual a sanção deve dirigir-se, mas também especifica a sanção, que é o confisco da embarcação e da carga. Os tribunais nacionais de presas marítimas, ao decidir casos de bloqueio e de contrabando, executam não apenas o direito nacional mas também o direito internacional, e, desse modo, funcionam como órgãos de direito nacional e de direito internacional. Nesses casos, se a sanção tem caráter de "pena" ou mais se pareça com execução civil, não tem importância alguma. O fato decisivo é que uma norma de direito internacional estabelece a responsabilidade individual, isto é, a responsabilidade do proprietário da embarcação e da carga culpado de violar o bloqueio ou de transportar artigos contrabandeados.

Outro exemplo de obrigação direta de indivíduos e responsabilidade individual estabelecida pelo direito internacional geral é a norma que se refere a atos específicos de guerra ilegítima, às vezes caracterizados como "crimes de guerra". Essa é a norma de direito internacional geral segundo a qual os particulares, indivíduos não pertencentes às forças armadas do inimigo, que pegam em armas contra as forças armadas do Estado ocupante podem ser considerados criminosos por este. O direito internacional confere ao Estado ocupante o direito de punir esses indivíduos por atos de guerra ilegítima, mesmo que tais atos não sejam crime de acordo com sua lei nacional e apesar de o Estado ocupante, em regra, ser obrigado a aplicar aos habitantes do país ocupado as próprias leis deste. Esses atos são proibidos diretamente pelo direito internacional. A corte militar, punindo os atos, executa o direito internacional mesmo que ele aplique ao mesmo tempo normas de seu próprio direito militar. A base jurídica do julgamento é o direito internacional, que estabelece a responsabilidade individual da pessoa que comete o ato de guerra ilegítimo. Se é necessário reconhecer que o direito internacional dá ao Estado ocupante o direito de punir os habitantes do território ocupado por atos de guerra ilegítima, então é incoerente afirmar que o direito internacional, como direito entre Estados somente, não pode proibir particulares de pegar em armas e cometer hostilidades contra o inimigo. Isso porque "proibir" juridicamente determinada conduta não significa nada além de atribuir a essa conduta uma sanção; e o direito internacional, ao dar ao Estado ocupante "o direito" de punir atos de guerra ilegítima, proíbe esses atos, que talvez não sejam proibidos pelo direito nacional dos perpetradores.

Podem-se cometer violações do direito internacional por atos de particulares, atos cometidos no território de um Estado mas danosos a outro Estado; por exemplo, certos indivíduos podem preparar uma expedição armada no território do Estado "A" contra o Estado "B". Esses atos não são atos de Estado, mas atos pelos quais o Estado em cujo território eles foram cometidos é responsável na medida em que o Estado é obrigado a impedi-los e, se não for possível a prevenção, punir os transgressores e obrigá-los a pagar os prejuízos. São casos do que se chama de responsabilidade indireta do Estado por atos que não são propriamente seus.

Punindo os perpetradores, o Estado executa o direito internacional, mesmo que o direito nacional também seja aplicado aos delinquentes. Se o direito nacional atribui sanções aos referidos atos, faz isso em execução do direito internacional. Por conseguinte, pode-se dizer que o direito internacional impõe aos indivíduos a obrigação de não praticar atos danosos a outros Estados, e que o direito internacional nesses casos também define a responsabilidade individual.

13. A responsabilidade individual determinada pelo direito internacional privado

É razoável que a responsabilidade individual por violação do direito internacional possa ser estabelecida pelo direito internacional particular – por um tratado internacional, por exemplo. Um exemplo é o malsucedido tratado referente ao emprego de submarinos firmado em Washington em 6 de fevereiro de 1922. O artigo 3.º desse tratado declara que qualquer pessoa a serviço de qualquer Estado que violar qualquer regra desse tratado relativa ao ataque, captura ou destruição de embarcações comerciais, quer por ordem de um superior do governo, quer não,

> [...] será considerada praticante de violação das leis de guerra e será passível de julgamento e pena como se por ato de pirataria, podendo ser levada a julgamento perante autoridades civis ou militares de qualquer potência em cuja jurisdição se encontre.

De acordo com o direito internacional geral, uma pessoa que, a serviço de um Estado, tenha violado uma norma de direito internacional não é responsável. Porém, essas pessoas podem se tornar responsáveis em razão de um tratado internacional. O Tratado de Washington é problemático uma vez que não restringe sua validade aos Estados contratantes. Como veremos posteriormente, um indivíduo que, na qualidade de representante de um órgão de Estado, tenha violado o direito internacional somente poderá ser responsabilizado por outro Estado com o consentimento de seu Estado de origem. A tentativa de superar essa dificuldade alegando a ficção de que a violação das normas do Tratado de Washington deve ser considerada pirataria, crime para o qual o direito internacional atribui responsabilidade individual, é vã, já que a violação do Tratado de Washington não é pirataria. A pirataria não pode ser um ato de Estado, ao passo que os delitos definidos pelo Tratado de Washington podem ser, e na maioria são, atos de Estado.

A Convenção Internacional para a Proteção de Cabos Submarinos, assinada em Paris em 14 de março de 1884, também é um exemplo de norma de direito internacional que obriga indivíduos e estabelece a responsabilidade individual. O artigo II da Convenção estipula:

> A quebra ou o dano de um cabo submarino, efetuada de propósito ou por negligência culposa, que resulte na interrupção total ou parcial ou na confusão da comunicação telegráfica, será um delito passível de punição. Porém, a pena infligida não será nenhum empecilho para uma ação civil por danos.

Uma norma de direito internacional define diretamente um delito e atribui sanções penais bem como civis a um ato definido por essa norma e cometido por determinado indivíduo. A Convenção obriga os Estados a especificar em seus ordenamentos jurídicos as sanções (pena criminal e execução civil) previstas no artigo II e obriga o Estado ao qual pertence a embarcação a bordo da qual o delito definido no artigo II foi cometido a executar as sanções. Os tribunais nacionais, ao punir um indivíduo pela quebra ou pelo dano de um cabo submarino ou ao ordenar a reparação do dano causado pelo delito, executam o direito internacional mesmo que ao mesmo tempo estejam aplicando suas leis nacionais. Os indivíduos envolvidos são obrigados pelo direito internacional a se abster de cometer o delito determinado pelo direito internacional, mesmo que seu direito nacional também exija a mesma conduta. Sua responsabilidade penal, bem como a civil, é fixada diretamente pelo direito internacional, além de estar prevista no direito nacional. Essa interpretação é correta mesmo que os tribunais sejam obrigados pela constituição de seu Estado a aplicar somente o direito nacional, de modo que seja necessária a chamada "transformação" de uma norma de direito internacional em norma de direito nacional para que seja executada no Estado. A necessidade de transformar o direito internacional em direito nacional, imposta por uma constituição nacional, não pode alterar o fato de que a promulgação da lei pela qual a transformação se dá e sua aplicação pelos tribunais é uma execução do direito internacional, o cumprimento de uma obrigação internacional do Estado, cujos órgãos legislativos e judiciários funcionam aqui como órgãos de direito internacional.

14. A responsabilidade individual por atos de Estado

A opinião pública exige que os autores da presente guerra, os indivíduos moralmente responsáveis por ela, as pessoas que, na qualidade de órgãos dos Estados, desconsiderando o direito internacional geral ou particular, provocaram esta guerra ou a ela recorreram sejam responsabilizadas juridicamente pelos Estados prejudicados. Para que essa exigência seja cumprida em conformidade com o direito internacional, é necessário levar em consideração que os atos pelos quais os indivíduos culpados devem ser punidos são atos de Estado, isto é, de acordo com o direito internacional geral, atos do governo, ou realizados por ordem do governo ou com sua autorização.

O significado jurídico de afirmar que um ato é um ato de Estado é que esse ato deve ser imputado ao Estado, não ao indivíduo que o praticou. Se um ato praticado por um indivíduo – e todos os atos de Estado são praticados por indivíduos – tiver de ser imputado ao Estado, este é responsável pelo ato; e isso, no que tange o direito internacional, significa que o Estado prejudicado pelo ato é autorizado a recorrer à guerra ou a represálias contra o Estado cujo ato constitui violação do direito. Essas sanções, conforme se assinalou, implicam a responsabilidade coletiva, não a individual. Se um ato é imputado ao Estado e não ao indivíduo que o praticou, o indivíduo, de acordo com o direito internacional geral, não pode ser responsabilizado pelo ato por outro Estado sem o consentimento do Estado cujo ato está em pauta. No que diz respeito à relação do Estado com seus agentes ou súditos, o direito nacional entra em consideração. E no direito nacional prevalece o mesmo princípio: o indivíduo não é responsável por seu ato quando se trata de um ato de Estado, isto é, quando o ato não for imputável ao indivíduo, mas somente ao Estado[5]. O outro Estado, lesado por esse ato, pode, sem violar o direito internacional, responsabilizar por ele somente o Estado cujo ato constitui violação do direito internacional, e o Estado pre-

---

5. Essa regra, ao que parece, não é isenta de exceções. Um indivíduo que na qualidade de órgão do Estado tenha praticado um ato ilegal pode ser responsabilizado por ele. Assim, de acordo com o direito de alguns Estados, um ministro de Estado, e mesmo o chefe de Estado, pode ser acusado e punido por ter violado a constituição com um de seus atos. Quando, porém, o ato é declarado ilegal em relação ao ordenamento do próprio Estado pela autoridade competente, ele deixa de ser um ato de Estado – vale dizer, o ato não mais pode ser imputado ao Estado, quer seja anulável, quer não. Imputar ao Estado um ato que é declarado ilegal, segundo o direito do próprio Estado, pela autoridade competente é incompatível com o fato de que o Estado, concebido como uma pessoa agente, é somente a personificação do seu direito, ou seja, do ordenamento jurídico nacional (ou , o que dá no mesmo, a personificação da comunidade constituída por esse ordenamento jurídico). No direito nacional, um ato praticado por um indivíduo pode ser imputado ao Estado somente com base numa norma jurídica; a imputação de um ato ao Estado é a subsunção do ato por uma norma jurídica específica; e um indivíduo pode ser considerado órgão do Estado somente na medida em que pratica atos imputáveis ao Estado. Se um ato é considerado ilegal segundo o direito do Estado, é praticamente impossível interpretar esse ato como ato de Estado; e no direito nacional o predicado "ato de Estado" é uma interpretação específica de um ato praticado por um indivíduo. O Estado não pode cometer delito em relação a sua própria lei, embora o Estado possa muito bem cometer delito em relação ao direito internacional.

judicado pode recorrer a represálias ou à guerra contra o Estado responsável. Porém, se um indivíduo fosse levado a juízo em razão de um ato que, de acordo com o direito internacional, é o ato de outro Estado, isso equivaleria ao exercício de jurisdição sobre outro Estado; e essa é uma violação da norma do direito internacional geral de que nenhum Estado é sujeito à jurisdição de outro. Uma vez que a existência jurídica de um Estado se manifesta somente em atos de indivíduos que, de acordo com o direito internacional, são atos de Estado, a norma geralmente aceita, de que nenhum Estado pode reivindicar jurisdição sobre outro Estado, significa que nenhum Estado pode avocar jurisdição civil nem criminal sobre o ato de outro Estado. A imunidade em relação à jurisdição de outro Estado não é, segundo a formulação normal desse princípio, ligada à própria "pessoa" do Estado – a "pessoa" do Estado é um construto jurídico –, mas aos atos do Estado na qualidade de atos praticados pelo governo, por ordem deste ou com sua autorização. O princípio reconhecido de que os tribunais de um Estado não são competentes no que diz respeito a outro Estado significa que os tribunais de um Estado não são competentes no que tange os atos de outro Estado. Consequentemente, esse princípio se aplica não somente quando o réu é expressamente definido como "Estado X" ou a "pessoa" do Estado X, mas também quando o réu é um indivíduo processado pessoalmente por um ato por ele praticado como ato do Estado X[6]. A responsabilidade coletiva de um Estado por seus próprios atos exclui, de acordo com o direito internacional geral, a responsabilidade individual da

---

6. No Relatório adotado pelo Comitê de Especialistas para a Codificação Progressiva do Direito Internacional em sua terceira reunião, de mar.-abr. 1927, relator Matsuda (Publications of the League of Nations, Legal, 1927, vol. 9, em *American Journal of International Law*, 1928, vol. 22, supl., p. 125), se diz: "A incapacidade dos tribunais de exercer jurisdição no que diz respeito a um ato soberano de um governo estrangeiro [...] deve se aplicar quando o réu for processado pessoalmente por atos praticados por ele na qualidade de agente público – embora não mais detenha essa função ao tempo do processo – ou segundo poderes conferidos sobre ele por um Estado estrangeiro."

pessoa que, como membro do governo, por ordem ou com autorização do governo, cometeu o ato[7]. Isso é consequência da imunidade do Estado em relação à jurisdição de outro Estado. Essa norma não é isenta de exceções, mas qualquer exceção deve se basear em uma norma especial de direito internacional consuetudinário ou convencional que restringe a anterior[8].

Quanto a isso, não existe nenhuma diferença entre o chefe de Estado e os outros agentes do Estado[9]. O fato de o chefe de Estado não ser responsável individualmente perante outro Estado por atos por ele praticados na condição de órgão de seu Estado não se deve ao privilégio pessoal de

---

7. No famoso caso de McLeod (membro de uma força britânica enviada em 1837 para o território dos Estados Unidos com o objetivo de capturar o navio *Caroline*, retido em 1840 no estado de Nova York, e indiciada pela morte de um cidadão norte-americano na ocasião da destruição do *Caroline*), Webster, Secretário de Estado, escreveu a Crittenden, Procurador-Geral, em 15 de março de 1841: "Tudo o que se pretende dizer no momento é que o ataque ao *Caroline* é reconhecido explicitamente como um ato nacional, que pode justificar represálias ou mesmo guerra geral caso o governo dos Estados Unidos, no juízo que formar acerca da transação e de seus próprios deveres, venha a assim decidir; que ele suscita uma questão totalmente pública e política, uma questão entre nações independentes; e que os indivíduos envolvidos não podem ser presos e julgados perante os tribunais ordinários, como se tivessem violado o direito local. Se o ataque ao *Caroline* foi injustificável, como seu governo declarou, o direito que foi violado é o direito das nações; e a compensação que deve ser buscada é a compensação autorizada, nesses casos, pelos dispositivos desse código." Cf. John Basset Moore, *A Digest of International Law* (1906), vol. II, sec. 179. Cf. além disso: *Woerterbuch des Voelkerrechts und der Diplomatie,* Herausgegeben von Karl Strupp (1925), vol. II, p. 2: "O Estado é responsável pelos atos de todos os seus órgãos, mas os órgãos não são responsáveis por nada, na medida em que eles agem na função de órgãos do Estado."

8. Ver adiante, pp. 90ss.

9. O memorando dos membros americanos da Comissão sobre Responsabilidades fundada no fim da Primeira Guerra Mundial pela Conferência de Paz Preliminar (*American Journal of International Law*, 1920, vol. 14, p. 136), diz que o "processo […] contra um indivíduo a serviço" é "na prática" um processo "contra o Estado". Os membros americanos da Comissão sobre Responsabilidades apresentaram esse argumento para justificar sua oposição à intenção de se levar Guilherme II a julgamento perante um tribunal internacional. Eles se recusavam a submeter um chefe de Estado "a um grau de responsabilidade até aqui desconhecido do direito nacional e do direito internacional".

imunidade à jurisdição criminal e civil de outros Estados concedida aos chefes de Estado pelo direito internacional geral. A não responsabilidade do chefe de Estado por seus atos de Estado é consequência da norma do direito internacional de que nenhum Estado pode reivindicar jurisdição sobre atos de outro Estado. O privilégio pessoal de imunidade criminal e civil perante outros Estados concedida pelo direito internacional aos chefes de Estado não se refere, em primeiro lugar, a atos de Estado praticados pelo chefe de Estado enquanto tal, mas, sim, a atos cometidos no exterior pelo chefe de Estado na condição de indivíduo particular. Por conseguinte, o mesmo privilégio pode ser, e é, concedido pelo direito internacional à mulher do chefe de Estado, que talvez nunca pratique um ato de Estado. O privilégio pessoal de exterritorialidade deve ser concedido a um chefe de Estado somente enquanto ele está de fato no cargo, não depois de ter sido deposto nem de ter renunciado, nem de ter o mandato expirado. Por seus atos de Estado, entretanto, ele não é individualmente responsável perante outros Estados, mesmo depois de deposto, de ter renunciado ou do término de seu mandato, uma vez que o ato foi praticado quando ele ainda estava no cargo; de outro modo, o ato não poderia ter sido um ato de Estado. A não responsabilização do chefe de Estado por seus atos de Estado, com base na norma de que nenhum Estado pode reivindicar jurisdição sobre os atos de outro Estado, também funciona no caso em que o chefe de Estado tenha caído nas mãos de seu inimigo como prisioneiro de guerra, mesmo que seu privilégio pessoal de exterritorialidade não funcione por ser restrito ao tempo de paz e não se aplique em tempo de guerra. Nao há razão suficiente para presumir que a norma do direito consuetudinário geral de acordo com a qual nenhum Estado pode reivindicar jurisdição sobre os atos de outro Estado é suspensa pela eclosão da guerra e, consequentemente, não é aplicável à relação entre os Estados beligerantes[10].

---

10. Ver p. 72.

A exclusão da responsabilidade individual demarca a diferença que existe entre a responsabilidade coletiva do Estado por seus próprios atos, sua responsabilidade "original", e a responsabilidade coletiva do Estado por atos de outros que não ele mesmo, a saber, certas violações do direito internacional cometidas por indivíduos que não estão no comando ou não têm autorização do governo – a responsabilidade "indireta" do Estado. A responsabilidade indireta do Estado não exclui a responsabilidade individual das pessoas que praticaram os atos que violaram o direito internacional. Pelo contrário, a responsabilidade individual delas está implícita na responsabilidade do Estado, na medida em que este é obrigado pelo direito internacional a punir esses indivíduos e fazê-los reparar o dano causado pelo delito.

Para que indivíduos possam ser punidos por atos que praticaram como atos de Estado, quer pelo tribunal de outro Estado quer por um tribunal internacional, em regra a base jurídica do processo deve ser um tratado internacional firmado com o Estado cujos atos devem ser punidos. Por esse tratado, a jurisdição sobre esses indivíduos seria conferida ao tribunal nacional ou internacional. Se esse tribunal for nacional, ele funcionará, pelo menos indiretamente, como tribunal internacional. Ele é nacional somente no que se refere a sua composição, visto que os juízes são indicados por um governo apenas; é internacional, porém, no que se refere à base jurídica de sua jurisdição.

O direito de um Estado não contém normas que atribuem sanções a atos de outro Estado que violem o direito internacional. Recorrer à guerra em descumprimento de uma norma de direito internacional geral ou particular é violação do direito internacional, mas não é violação do direito penal nacional, como são as violações das normas de direito internacional que regulam a conduta de guerra. O direito substantivo aplicado por um tribunal competente para punir indivíduos pelo crime de ter feito guerra só pode ser o direito internacional. Por isso o tratado internacional mencionado no parágrafo anterior deve não só estabelecer o delito, mas também a pena, ou deve autorizar o tribunal a fixar a pena que considerar adequada. Se um tribunal nacional for autorizado e a constituição nacional obrigar os tribunais a aplicar somente as normas criadas pelo órgão legislativo do Estado (ou outro órgão com capacidade de criar leis), as normas do direito internacional que autorizam o Estado a punir os indivíduos que, como órgãos de outro Estado, violaram o direito internacional devem ser transformadas em normas do direito nacional do Estado a cuja jurisdição, segundo o tratado, esses indivíduos devem ser submetidos. Um tratado internacional que autoriza um tribunal a punir indivíduos por atos que praticaram como atos de seu Estado constitui uma norma de direito penal internacional com força retroativa, se os atos no momento em que foram cometidos não eram crimes pelos quais o indivíduo perpetrador fosse responsável. Não existe nenhuma norma de direito internacional consuetudinário geral que proíba a promulgação de normas com força retroativa, o que se chama de leis *ex post facto*. Algumas constituições, porém, proíbem expressamente esse tipo de regulação, e constitui princípio do direito penal reconhecido pela maioria das nações civilizadas o de que não se deve atribuir pena a um ato que não era juridicamente passível de punição no momento em que foi praticado. Alguns autores, abandonando a visão positivista, sustentam que não somente o costume e os tratados, mas também os princípios gerais do direito devem ser considerados fontes de direito internacional. Essa doutrina é muito questionável e, mesmo se aceita, não exclui a possibilidade de um tratado internacional autorizar um tribunal a punir as pessoas moralmente responsáveis pela Segunda Guerra Mundial. Não faltam exceções ao princípio que proíbe a promulgação de normas com efeito retroativo como regra do direito positivo nacional. A base desse princípio é a ideia moral de que não é justo responsabilizar um indivíduo por um ato se ele, quando o praticou, não sabia e não podia saber que esse ato constituía um delito. Se, porém, no momento em que foi praticado, o ato era moralmente errado, embora não o fosse juridicamente, uma lei que atribua sanção *ex post facto* ao ato é retroativa somente do ponto de vista jurídico, não do ponto de vista moral. Uma lei assim não é contrária ao conceito moral que está na base do princípio em questão. Isso vale particularmente para um tratado internacional por meio do qual os indivíduos são responsabilizados por ter violado, na função de órgãos de Estado, o direito internacional. Eles foram moralmente responsáveis pela violação do direito internacional no momento em que praticaram os atos que constituem erro não só da perspectiva moral, mas também da perspectiva jurídica. O tratado apenas transforma a responsabilidade moral desses indivíduos em responsabilidade jurídica. Com toda razão, o princípio que proíbe as leis *ex post facto* não é aplicável a esse tratado.

15. A questão da culpa pela guerra na Primeira e na Segunda Guerras Mundiais

No relatório apresentado à Conferência Preliminar de Paz, em 29 de março de 1919, a Comissão sobre a Responsabilidade dos Autores da Guerra e a Aplicação das Penalidades distinguia "duas categorias de atos culpáveis: (a) atos que provocaram a guerra mundial e acompanharam seu início; (b) violações das leis e dos costumes de guerra e de leis da humanidade". A Comissão advertiu que os atos que provocaram a guerra não deveriam ser imputados a seus autores ou submetidos à apreciação de qualquer tribunal[11]. Não obstante, o Tratado de Paz de Versalhes estabeleceu no artigo 227:

> As Potências Aliadas e Associadas citam publicamente Guilherme II de Hohenzollern, ex-imperador da Alemanha, por uma ofensa suprema contra a moral internacional e a sacralidade dos tratados. Um tribunal especial será constituído para julgar o acusado, assegurando-lhe desse modo as garan-

---

11. *American Journal of International Law* (1920), vol. 14, pp. 95ss., 117ss.

tias essenciais ao direito de defesa. O tribunal será composto de cinco juízes, cada um indicado por cada uma das seguintes potências, a saber: os Estados Unidos da América, a Grã-Bretanha, a França, a Itália e o Japão.

A formulação "por uma ofensa suprema contra a moral internacional e a sacralidade dos tratados" é insincera e incoerente. A verdadeira razão para exigir a sujeição do ex--kaiser a um tribunal penal era o fato de ele ter sido considerado o principal autor da guerra e que o recurso a essa guerra foi considerado crime. O artigo 227 fala de "uma ofensa contra a moral internacional" a fim de evitar falar de violação do direito internacional. Entretanto, se uma norma jurídica – criada por um tratado internacional – atribui pena a uma ofensa moral, pena essa a ser infligida ao transgressor por um tribunal, a ofensa assume *ex post facto* o caráter de violação do direito. O artigo 227 também fala de ofensa contra a "sacralidade dos tratados". Isso significa violação de tratados, que, de acordo com o direito internacional, é um delito.

As principais razões para a advertência negativa da Comissão sobre Responsabilidades foram, em primeiro lugar, que, de acordo com a opinião da Comissão, "uma guerra de agressão não pode ser considerada ato diretamente contrário ao direito positivo, ou passível de ser apresentado com êxito perante um tribunal tal como aqueles que a Comissão é autorizada a considerar segundo seus termos de referência"; em segundo lugar, que "qualquer inquérito sobre a autoria da guerra, para ser exaustivo, deve se estender sobre os eventos ocorridos durante vários anos em diferentes países europeus e deve levantar muitos problemas complexos e difíceis que poderiam ser mais adequadamente investigados por historiadores e estadistas que por um tribunal apropriado para processar aqueles que transgrediram as leis e os costumes de guerra".

A validade da proposição de que uma guerra de agressão não é um ato contrário ao direito positivo é, no mínimo, muito duvidosa. O princípio da *bellum justum* é considerado, não por muitos, é verdade, mas por alguns autores notáveis, uma norma de direito positivo internacional. Entretanto, são precisamente o Tratado de Paz de Versalhes e os outros tratados de paz de 1919-1920 que confirmam a doutrina da guerra justa.

Os tratados de paz não obrigavam os Estados vencidos a pagar indenização de guerra, mas, sim, a fazer reparação. A obrigação de reparar é considerada uma consequência atribuída pelo direito internacional geral a uma violação do direito. O fato de os tratados de paz substituírem a indenização de guerra pela obrigação de reparação, prevista pelo direito internacional geral e especificada nos tratados de paz, pressupõe que se considera que os danos infligidos pela guerra são causados ilegalmente. Esse é o sentido do artigo 231 do Tratado de Paz de Versalhes, que estabelece a culpa da Alemanha pela guerra:

> Os governos Aliados e Associados afirmam, e a Alemanha reconhece, a responsabilidade da Alemanha e seus aliados por causar todas as perdas e danos aos quais os governos Aliados e Associados e seus cidadãos foram sujeitos em consequência da guerra a eles imposta pela agressão da Alemanha e seus aliados.

A afirmação de que a guerra foi "imposta" aos governos Aliados e Associados "pela agressão da Alemanha e seus aliados" significa que a Alemanha e seus aliados violaram o direito internacional recorrendo à guerra. De outro modo, a obrigação de reparar o dano causado pela guerra não seria justificável, uma vez que o dano não teria sido causado ilegalmente. Somente com base na doutrina da *bellum justum* é possível a "culpa de guerra".

Quando a Segunda Guerra Mundial eclodiu, a situação jurídica era diferente da que vigorava na eclosão da Primeira. As potências do Eixo eram partes signatárias do Pacto Kellogg-Briand, pelo qual recorrer a guerra de agressão é um delito; e a Alemanha, ao atacar a Polônia e a Rússia, violou, além do Pacto Kellogg-Briand, os pactos de não agressão com os Estados atacados. Nenhuma investigação sobre a autoria da Segunda Guerra Mundial levanta problemas de complexidade extraordinária. Nem a *questio juris* nem a *questio facti* apresentam dificuldades sérias ao tribunal. Assim, não há motivo para renunciar à acusação criminal contra as pessoas moralmente responsáveis pela eclosão da Segunda Guerra Mundial. Na medida em que isso também é um problema do direito constitucional das potências do Eixo, a resposta é simplificada pelo fato de que esses Estados estavam sob regimes mais ou menos ditatoriais, de modo que o número de pessoas que tinham poder legal de conduzir seu país à guerra era muito pequeno em cada um dos Estados do Eixo. Na Alemanha, talvez apenas o Fuehrer; na Itália, o Duce e o rei; e no Japão, o primeiro-ministro e o imperador. Se a declaração atribuída a Luís XIV "l'État c'est moi" se aplica a qualquer ditadura, a punição do ditador equivale praticamente a punir o Estado. Outra questão é saber se será realmente possível capturar essas três pessoas para trazê-las à justiça em um tribunal nacional ou internacional.

16. A punição dos crimes de guerra

A opinião pública exige não somente a responsabilização dos autores da guerra, mas também, em particular, que os criminosos de guerra – quer dizer, os indivíduos que violaram as regras de guerra – sejam processados. Essa exigência desempenha um papel importante na Declaração de Moscou[12]. Crimes de guerra, no sentido específico da expres-

---

12. Uma vez que os Estados Unidos, o Reino Unido e a Rússia soviética fizeram da punição dos criminosos de guerra um de seus objetivos de guerra, é inútil perguntar se é aconselhável, do ponto de vista da paz futura, instituir depois do fim da guerra ou mesmo durante ela os procedimentos jurídicos para a punição dos crimes de guerra. Numa discussão sobre a criação de um tribunal penal internacional ocorrida na Trigésima Terceira Conferência da Associação de Direito Internacional, em 1924, em Estocolmo, sir Graham Bower disse:

são, são atos pelos quais foram violadas normas de direito internacional que regulam a conduta de guerra. São cometidos por membros das forças armadas dos Estados beligerantes. A expressão "crimes de guerra" às vezes também comporta todas as hostilidades com armas cometidas por indivíduos que não são membros das forças armadas; atos de guerra ilegítimos cometidos por particulares que pegam em armas contra o inimigo; e espionagem, traição de guerra e saque. A maior parte dos atos que constituem violação de regras de guerra é ao mesmo tempo violação do direito penal geral, como assassinato, pilhagem, roubo, provocação de incêndios, estupro e outros. "O princípio", diz Garner, "de que o soldado que comete atos que violam as leis de guerra quando esses atos são ao mesmo tempo transgressão do direito penal geral deve ser submetido a processo e punição pelos tribunais do adversário ofendido no caso de cair nas mãos de suas autoridades, tem sido sustentado há muito..."[13] Os atos em questão são considerados passíveis de punição pelos tribunais do Estado ofendido porque constituem crimes de acordo com seu direito nacional. Mas quase todos os atos de guerra, inclusive os legítimos, constituem crime de acordo com o direito penal, já que os atos de guerra são atos de privação forçosa da vida, da liberda-

---

"Não há nenhuma nação no mundo que não tenha violado as leis de guerra, e não há exército ou marinha no mundo que não tenha cometido crimes de guerra." E mais: "Qual será a consequência [da punição de criminosos de guerra]? Quando os soldados e marinheiros tiverem parado de lutar, quando estiverem prontos para apertar as mãos num tratado de paz, então os advogados têm de começar uma guerra de acusações, contra-acusações e recriminações, que será pior que a guerra. O general Sherman afirmou: 'A guerra é o inferno', e disse a verdade; mas com todo o devido respeito, acredito que, se essa proposta fosse adotada, faria da paz um inferno." Sir Graham Bower terminou seu discurso dizendo: "A bas la guerre des procès, vive la paix de l'oubli et de l'espérance." *The International Law Association, Report of the Thirty-Third Conference* (ocorrida em Estocolmo, de 8 a 13 set. 1924), (Londres, 1925), pp. 93, 95. Cf. também: C. Arnold Anderson, "The Utility of the Proposed Trial and Punishment of Enemy Leaders", *The American Political Science Review* (1943), vol. 37, pp. 1.081ss.

13. J. W. Garner, *International Law and the world War* (1920), vol. II, p. 472.

de e da propriedade, proibidos pelo direito penal. Não obstante, os atos de guerra ilegítimos não são passíveis de punição pelos tribunais do Estado cujos cidadãos são as vítimas. Um Estado que pune por homicídio ou por incêndio criminoso os soldados que, como membros das forças armadas do inimigo, mataram na batalha soldados das forças armadas do Estado que reivindica jurisdição ou queimaram casas de cidadãos desse Estado, violam abertamente o direito internacional. O que exime esses atos do caráter criminoso? O que exclui a responsabilidade penal dos indivíduos que os praticaram? A resposta comum é que esses atos estão em conformidade com o direito internacional que permite aos beligerantes privar forçosamente os membros das forças armadas do inimigo da vida e da liberdade, destruir propriedades de seus cidadãos etc. São atos de guerra "legítimos" somente quando forem praticados em conformidade com o direito internacional; "[...] de outra forma, são homicídio ou roubo, conforme o caso, e seus autores são passíveis de punição por crime"[14]. O teor dessa doutrina pode ser assim formulado: o fato de um ato tipificado como crime pelo direito nacional estar "em conformidade com" – isto é, ser permitido por – o direito internacional despe o ato de seu caráter criminoso; se o ato também é proibido pelo direito internacional, seu caráter criminoso se mantém.

Essa doutrina é insustentável. A afirmação de que os atos de guerra legítima são "permitidos" pelo direito internacional significa que o direito internacional não os "proíbe". Ser juridicamente "permitido" significa não ser proibido juridicamente. Um ato é juridicamente proibido quando é a condição de uma sanção. Afirmar que o direito internacional não proíbe determinado ato significa que o direito internacional não lhe atribui nenhuma sanção. O fato negativo de que o direito internacional não proíbe determina-

---

14. *Ibid.*, p. 473, segundo Renault, "De l'application du droit pénal aux faits de guerre", *Revue Générale de Droit International Public* (1918), vol. 25, p. 10.

dos atos porque não lhes atribui sanção não pode excluir a possibilidade jurídica de o direito nacional atribuir sanção a esses atos e, portanto, proibi-los. O direito nacional atribui sanção a muitos atos não proibidos – e isso significa "permitidos" (no sentido negativo do termo) – pelo direito internacional, sem violar o direito internacional. Um indivíduo, cidadão do Estado "A", ao cometer roubo contra outro indivíduo, cidadão do Estado "B", no território do Estado "A", não viola o direito internacional. O último não proíbe esse ato e não responsabiliza o Estado "A" por ele. O Estado "B", entretanto, não viola o direito internacional punindo o ladrão, quando este cair nas mãos de suas autoridades. Na verdade, o fato de um ato tratado como crime pelo direito nacional não ser proibido (sendo, desse modo, "permitido" no sentido negativo) pelo direito internacional não o isenta de seu caráter criminoso.

A palavra "permissão", todavia, pode ter sentido positivo. Pode significar "autorização". Para "autorizar" um indivíduo, o direito lhe confere um poder jurídico, um "direito" no sentido técnico do termo. Assim, o direito "autoriza" um indivíduo a praticar um ato a que a lei atribui um efeito jurídico, o efeito jurídico pretendido pelo agente. Matar, ferir, prender seres humanos na guerra, diferentemente de transações legais ou de pleitos que se apresentam perante uma corte, não são atos pelos quais se pretende obter efeitos jurídicos. São "permitidos" pelo direito internacional somente no sentido negativo. Isso é particularmente verdadeiro se a guerra, como supõem muitos autores, não é uma ação autorizada pelo direito internacional como reação a um "delito" internacional, isto é, como "guerra justa", e de outra maneira proibida por ser delito. A teoria da *bellum justum* basta para provar a falácia da doutrina de que um ato permitido pelo direito internacional não deve ser punido de acordo com o direito nacional; e de que, como consequência lógica, um ato proibido pelo direito internacional pode ser punido de acordo com o direito nacional. Os atos normais de guerra praticados por membros de forças armadas envolvidas em uma guerra injusta proibida pelo direito internacional ou por um tratado particular, como o Pacto Kellogg-Briand, não podem ser considerados "permitidos", nem no sentido negativo nem no positivo, uma vez que esse tipo de guerra é proibido como tal e, consequentemente, todos os atos isolados que na totalidade constituem a guerra devem ser considerados proibidos[15]. Apesar disso, viola o direito internacional um Estado que pune um membro das forças armadas do inimigo culpado de guerra injusta por ter matado em batalha um membro das forças armadas do Estado que reivindica jurisdição. O fato de o ato ser proibido pelo direito internacional não sustenta o caráter criminal que ele pode ter de acordo com o direito nacional.

Que um Estado viola o direito internacional se punir, de acordo com seu ordenamento jurídico interno, um membro das forças armadas do inimigo por um ato de guerra legítimo, pode se explicar somente pelo fato de que, ao agir assim, o Estado responsabiliza um indivíduo pelo ato de outro Estado. De acordo com o direito internacional, o ato em questão deve ser imputado ao Estado inimigo e não ao indivíduo que praticou o ato a serviço de seu Estado. O ato não pode ser considerado crime de um indivíduo porque não deve em hipótese alguma ser considerado ato pessoal seu. O direito internacional geral, em regra, proíbe um Estado de responsabilizar um indivíduo pessoalmente por um ato cometido como ato de outro Estado. Consequentemente, o indivíduo que pratica um ato de guerra como ato de seu Estado não deve ser punido por esse ato pelo Es-

---

15. A distinção entre atos de guerra "legítimos" e atos de guerra "ilegítimos" praticados numa guerra proibida pelo direito internacional particular ou geral só pode ser operada na medida em que um ato de guerra "legítimo" viola tão somente a norma que proíbe a guerra, enquanto um ato de guerra "ilegítimo" viola não somente essa norma, mas também uma norma específica que diz respeito à condução da guerra. É bem possível que, pelo único e mesmo ato, duas normas jurídicas diferentes sejam violadas, e que duas normas diferentes atribuam ao único e mesmo ato duas sanções diferentes.

tado inimigo, mesmo se o ato constituir violação do direito internacional, mesmo se a guerra em si for proibida ou se o próprio ato constituir um crime de guerra. Isso porque um ato praticado por um indivíduo por ordem ou com autorização de seu governo é um ato de Estado, mesmo se for uma violação do direito internacional; e a responsabilidade por essa violação do direito internacional recai, de acordo com o direito internacional geral, sobre o Estado coletivamente, não sobre o indivíduo que, a serviço de seu Estado, praticou o ato[16]. De outro modo, nenhuma violação do direito internacional em geral e das regras relativas à guerra em particular *pelos Estados* seria possível. "Violações de normas relativas à guerra", escreve Oppenheim, "são crimes de guerra somente quando cometidos sem ordem do governo beligerante envolvido. Se os membros das forças armadas cometem violações *por ordem* de seu governo" – ou seja, se a violação das leis de guerra tiver o caráter de ato de Estado – "eles não são criminosos de guerra e não podem ser punidos pelo inimigo; este, porém, pode recorrer a represálias."[17] A responsabilidade do Estado que dá motivo às represálias é coletiva, não individual. Se o crime de guerra for um ato de Estado, a responsabilidade coletiva do Estado por esse ato, em geral, exclui a responsabilidade individual[18]. O fato de o ato ser proibido pelo direito internacional não mantém o caráter criminoso que ele pode ter de

---

16. Hugh H. L. Belot, "A Permanent International Criminal Court", *The International Law Association, Report of the Thirty-First Conference* (1923), vol. I, p. 73. "Uma ordem do [...] governo não pode tornar legal o que é ilegal pelo direito internacional." Isso é verdade, mas um ato ser "ilegal pelo direito internacional" não necessariamente constitui responsabilidade individual do perpetrador. Em geral, constitui apenas responsabilidade coletiva do Estado cujo governo emitiu a ordem.

17. L. Oppenheim, *International Law* (1. a 5. eds.), vol. II, § 253.

18. A. von Verdross, *Voelkerrecht* (1937), p. 298, formula corretamente a regra referida: "A punição [de um prisioneiro de guerra por um crime de guerra] é inadmissível se o ato não foi praticado pela própria conta [da pessoa acusada], mas pode ser imputada ao Estado de que é cidadão." Um ato que se deve imputar ao Estado é um ato de Estado.

acordo com o direito nacional. Quando um ato é proibido pelo direito internacional como crime de guerra, o praticante do ato que seja capturado como prisioneiro de guerra só poderá ser punido pessoalmente pelo Estado prejudicado de acordo com seu direito nacional se estiver claro que o ato não é um ato do Estado inimigo[19].

Essa é a consequência do princípio reconhecido de que nenhum Estado tem jurisdição sobre os atos de outro Estado. A suspensão desse princípio não deve ser considerada um dos efeitos da eclosão da guerra sobre as relações entre os beligerantes[20]. As regras do direito internacional consuetudinário geral permanecem, em princípio, em vigor em tempo de guerra. A regra segundo a qual a responsabilidade do Estado por seus atos exclui a responsabilidade individual do perpetrador destina-se por sua natureza a ter um papel importante não só em tempo de paz, mas também em tempo de guerra. A própria guerra é um dos atos de Estado mais característicos; o princípio em questão é uma proteção necessária dos indivíduos que pelo direito nacional são obrigados ou autorizados como representantes de seu Estado a praticar atos considerados necessários no interesse do Estado.

A regra do direito internacional consuetudinário geral que concede aos atos de Estado imunidade à jurisdição de outro Estado tem, entretanto, algumas exceções, como tem sido assinalado. A regra de que os prisioneiros de guerra sejam sujeitos ao direito e à jurisdição do Estado apreensor constitui, com respeito às violações das regras de guerra, uma restrição no princípio da imunidade do Estado à juris-

---

19. Cf. George Manner, "The Legal Nature and Punishment of Criminal Acts of Violence Contrary to the Laws of War", *American Journal of International Law* (1943), vol. 37, pp. 407ss., 433.

20. A. Mérignhac, "De la sanction des infractions au droit des gens", *Revue Générale de Droit International Public* (1917), vol. 24, p. 49, declara: "La théorie de l'acte de gouvernement est une théorie de paix, qui disparaît au cours des hostilités." Essa declaração não tem fundamento no direito positivo internacional.

dição de outro Estado? Sem examinar essa parte da questão que envolve o princípio de imunidade de um Estado à jurisdição de outro Estado, alguns autores sustentaram que o fato de um crime de guerra ser cometido como ato de Estado não o isenta de seu caráter de crime passível de punição pelo Estado prejudicado de acordo com o direito desse Estado[21]. Essa opinião, entretanto, é mais que questionável. A jurisdição do Estado apreensor sobre os prisioneiros de guerra constitui uma restrição da regra segundo a qual os membros das forças armadas do Estado estrangeiro são isentas da jurisdição do Estado em cujo território eles estão. Uma vez que a jurisdição sobre os prisioneiros de guerra se baseia em uma restrição de outra regra, é conveniente fazer uma interpretação restritiva da regra que confere ao Estado apreensor a jurisdição sobre os prisioneiros de guerra. Não há motivo para interpretar a norma referida como restrição de ainda outra norma, a saber, a norma de que nenhum Estado tem jurisdição sobre os atos de outro Estado, e permitir que o Estado apreensor puna um prisioneiro de guerra por atos cometidos como atos de seu Estado. A jurisdição do Estado sobre indivíduos que, como prisioneiros de guerra, estão no seu próprio território também pode se basear no princípio geral de que qualquer Estado tem jurisdição exclusiva sobre todas as pessoas e coisas dentro de seu território. Entre as restrições a esse princípio, a regra referente à imunidade de um Estado estrangeiro se encontra certamente no primeiro lugar. Nenhum Estado pode escapar dessa regra de direito internacional declarando o ato de um Estado estrangeiro como crime no sentido do seu direito nacional (do primeiro Estado) e processar o indivíduo perpetrador do ato se ele cair nas mãos de suas autoridades. O

---

21. Essa opinião é adotada também na 6. ed. de Oppenheim, *op. cit.* (1940), vol. II, § 253, organizada por H. Lauterpacht. Aí se diz acerca da opinião defendida nas cinco edições anteriores: "É difícil considerar essa tese como expressão de um princípio jurídico sólido." Na sexta edição, o fato de um crime de guerra ser um ato de Estado não é claramente distinguido do fato de ser praticado por ordem superior. Veja adiante, p. 96s.

processo de um indivíduo por um ato praticado como ato de um Estado estrangeiro se dirige contra o próprio Estado estrangeiro.

Uma exceção clara é prevista nas leis relativas a espionagem e traição de guerra. O direito internacional geral autoriza o Estado contra o qual se praticaram atos de espionagem e traição de guerra a punir os perpetradores como criminosos, mesmo se os atos referidos tiverem sido cometidos sob o comando ou com a autorização do governo inimigo. Ao contrário do que ocorre com outros crimes de guerra, os Estados em cujo interesse se cometem espionagem e traição de guerra não são obrigados a impedir nem punir atos dessa natureza. O Estado que emprega espiões ou que usa de traição de guerra em seu benefício não viola o direito internacional[22] e não é responsável por esses atos. Entretanto, o indivíduo que os comete pode, de acordo com o direito internacional, ser punido pelo Estado prejudicado. Nesses casos, o direito internacional prevê apenas a responsabilidade individual do praticante do ato.

Na medida em que é excluída, de acordo com o direito internacional geral, a responsabilidade individual pela violação das regras de guerra cometida como ato de Estado, a punição do indivíduo perpetrador desse ato por um tribunal nacional do inimigo ou por um tribunal internacional só será possível, sem violar o direito internacional, com o consentimento do Estado do qual o indivíduo delinquente é cidadão – ou seja, com base em um tratado internacional firmado com o Estado por cujos atos os indivíduos praticantes devem ser punidos. Somente por esse tratado a jurisdição sobre os indivíduos envolvidos pode ser conferida a um tribunal nacional do inimigo ou um tribunal internacional. A norma de direito internacional convencional que prevê a responsabilidade deles pode ter efeito retroativo.

Um tratado internacional como base jurídica para o julgamento de criminosos de guerra também é necessário se

---

22. Oppenheim, *op. cit.*, vol. II, pp. 328ss.

os prisioneiros de guerra tiverem de ser julgados depois da conclusão da paz por terem violado as regras de guerra não como atos de Estado. Pois, de acordo com o direito internacional, bem como com a Convenção de Genebra de 1929, todos os prisioneiros de guerra devem ser libertados depois de firmada a paz. Qualquer restrição dessa regra só é possível com o consentimento do Estado natal do prisioneiro. É lógico que o Estado natal do criminoso de guerra também tem jurisdição sobre ele. A jurisdição do Estado apreensor sobre os prisioneiros por crimes de guerra não cometidos como atos de Estado é apenas concorrente. Embora o Estado apreensor seja autorizado pelo direito internacional a punir membros das forças armadas do inimigo por crimes de guerra, o Estado natal é *obrigado* a punir os seus criminosos de guerra; e o Estado prejudicado tem o direito de exigir a punição.

O artigo 3.º da Convenção de Haia sobre Leis e Costumes de Guerra Terrestre, de 1907, prevê:

> A parte beligerante que violar os dispositivos dos referidos Regulamentos [anexos à Convenção] será, se o caso exigir, obrigada a pagar compensação. Será responsável por todos os atos cometidos pelos integrantes de suas forças armadas.

Isso significa que o Estado beligerante é responsável pelas violações das regras de guerra cometidas pelos membros de suas forças armadas, independentemente de esses atos terem ou não o caráter de atos de Estado. A responsabilidade pelos crimes de guerra sem o caráter de ato de Estado implica o dever de punir os criminosos.

17. Os crimes de guerra como violações do direito internacional ou nacional

A maior parte dos autores de direito internacional sustenta que os crimes de guerra constituem apenas ofensas penais contra o direito nacional e têm apenas caráter "local", uma vez que o direito internacional não prevê a punição dos perpetradores[23]. Essa teoria não está correta. Se as violações das regras internacionais de guerra são atos de Estado, elas não têm, de acordo com o direito positivo atual, caráter "penal" porque os perpetradores não são passíveis de punição conforme o direito penal nacional. Porém, elas são delitos internacionais pelos quais o Estado é responsável, ou seja, é passível de sanção que pode ser interpretada como "pena"[24]. Se as violações das regras de guerra não são atos de Estado e se ao mesmo tempo são crime de acordo com o direito nacional, elas têm natureza dupla; são ofensas penais contra o direito internacional e, ao mesmo tempo, contra o direito nacional. O direito internacional geral, é verdade, não determina diretamente a penalidade a ser infligida ao criminoso. Mas o direito internacional obriga os Estados cujos súditos, como membros das forças armadas, violaram as leis de guerra, a punir os criminosos; e o direito internacional geral autoriza os beligerantes a punir um cidadão inimigo que caiu nas mãos de suas autoridades como prisioneiro de guerra por ter violado, antes de ser preso, as leis de guerra. É com referência a essa autorização de punir os criminosos de guerra inimigos que os crimes de guerra são normalmente definidos como "atos hostis ou outros atos de soldados ou de outros indivíduos que podem ser punidos pelo inimigo na apreensão dos ofensores"[25]. Essa definição não é exatamente correta, visto que se refere somente a crimes de guerra em relação aos inimigos e ignora os fatos de que os crimes de guerra são delitos também em relação ao Estado cujos súditos cometeram os crimes, de que esses crimes são determinados diretamente pelo direito internacional e de que o Estado do qual os delinquentes são cidadãos é obrigado pelo direito internacio-

---

23. Cf. Manner, *op. cit.*, p. 407.
24. Cf. p. 67.
25. Oppenheim, *op. cit.*, vol. II, p. 451.

nal (e não somente autorizado, como é o inimigo) a punir os criminosos. Ao obrigar os Estados a punir seus próprios criminosos de guerra e autorizar os Estados a punir os criminosos de guerra inimigos, o direito internacional dispõe, pelo menos indiretamente, sobre a punição de crimes de guerra. Deixa a especificação da penalidade ao direito nacional; mesmo a pena de morte não é excluída pelo direito internacional. Por conseguinte, é incorreto falar de "ausência de crimes de guerra internacionais". A obrigação dos Estados de punir seus próprios criminosos de guerra não é mais que uma consequência de sua obrigação geral de executar o direito internacional na esfera de validade de seu próprio ordenamento jurídico. Tal obrigação é expressamente prevista, por exemplo, no artigo I das Convenções de Guerra Terrestre de Haia, de 1899 e de 1907, pelo artigo 8.º da Convenção da Cruz Vermelha de 1906, pelo artigo 29 da Convenção da Cruz Vermelha de 1929 e pelo artigo 21 da Convenção de Haia referente à Adaptação dos Princípios de Genebra à Convenção para a Guerra Marítima, de 1907. As leis penais nacionais que atribuem penas a crimes de guerra, isto é, a atos proibidos pelo direito internacional de guerra, são promulgadas em cumprimento da obrigação do Estado de aplicar o direito internacional na esfera de poder estatal. A aplicação do direito nacional aos criminosos de guerra é concomitantemente uma execução do direito internacional. O direito nacional é um estágio intermediário exigido pela constituição do Estado, que autoriza os tribunais a aplicar apenas normas criadas pelos organismos legislativos do Estado. Se não houvesse essas restrições constitucionais, ou se, de acordo com a constituição, o direito internacional fosse considerado parte do direito nacional, a aplicação direta das regras de guerra internacionais pelos tribunais do Estado seria possível. Visto que essas regras, todavia, não especificam a pena, é sempre necessário um ato legislativo nacional para determinar as penas para os crimes de guerra se eles não constituírem ao mesmo tempo crimes comuns segundo o direito penal do Estado.

Se os crimes em questão constituíssem tão somente ofensas ao direito nacional, se a punição deles não fosse aplicação do direito internacional, então dificilmente seria possível falar em crimes de guerra. Eles são crimes de guerra apenas na medida em que constituem violações das regras de guerra, e essas regras são, em primeiro lugar, normas de direito internacional. O direito penal nacional atribui penas aos crimes comuns, como homicídio, roubo etc. Se um código de direito penal militar atribui penalidades ao assassinato dos feridos, à recusa a fornecer alojamento, ao uso de armas químicas e biológicas, à pilhagem por membros das forças armadas etc., ele o faz para aplicar as normas de direito internacional que proíbem esses atos. Na ausência de tal código de direito nacional e da possibilidade de aplicação direta do direito internacional, os criminoso de guerra só podem ser punidos por ter cometido crimes comuns. O uso indevido da bandeira da Cruz Vermelha jamais seria crime segundo o direito penal nacional se este não tivesse o propósito de executar a Convenção de Genebra.

18. A exceção de obediência a ordem superior

Os tribunais nacionais que, com base no ordenamento nacional, julgam indivíduos por crimes de guerra enfrentam uma séria dificuldade quando o ato que constitui o crime de guerra foi cometido por ordem superior. Isso não necessariamente implica que o ato seja um ato de Estado. Será um ato de Estado somente se a ordem em si for um ato de Estado, e só será esse o caso se a ordem tiver sido emitida pelo governo (chefe de Estado, gabinete, membro de gabinete, parlamento) ou emitida sob o comando ou com a autorização do governo. Se o ato for um ato de Estado, ele será antes de tudo uma questão de direito internacional[26],

---

26. A responsabilidade por atos de Estado é, sem dúvida, não apenas um problema de direito internacional, mas também de direito nacional. Ver p. 75.

que em geral exclui a responsabilidade individual pelos atos de Estado. Se tiver sido cometido por ordem superior, configura-se aí uma questão a ser resolvida pelo direito penal nacional. O problema é se a exceção de obediência a ordem superior deve ser reconhecida pelo direito penal nacional como defesa no processo de um indivíduo acusado de crime de guerra; se o perpetrador que executou a ordem, ou somente o indivíduo que emitiu a ordem, pode ser responsabilizado e punido pelo ato.

Quanto à admissibilidade da exceção de obediência a ordem superior, os diferentes ordenamentos jurídicos positivos, bem como as opiniões de vários juristas, diferem. Do ponto de vista militar, a exceção deve certamente ser reconhecida. A disciplina só é possível com base na obediência incondicional do subordinado ao superior, e a obediência do subordinado tem seu complemento necessário na responsabilidade exclusiva do superior. O artigo 347 do Manual Básico de Campo: Regras de Guerra Terrestre (FM-2710), publicado pelo Departamento de Guerra dos Estados Unidos em 1940 (depois de enumerar as possíveis ofensas das forças armadas) estipula:

> Os indivíduos das forças armadas não serão punidos por essas ofensas caso sejam cometidas sob as ordens ou com a sanção do governo ou de seus comandantes. Os comandantes que ordenam a comissão desses atos, ou sob cuja autoridade eles são cometidos por suas tropas, podem ser punidos pelo beligerante em cujas mãos venham a cair.

Alguns ordenamentos jurídicos nacionais não reconhecem a exceção de obediência a ordem superior se a própria ordem é ilegal e, como tal, nula *ab initio*. A execução de uma ordem legal jamais pode ser punida como crime. Se a ordem for emitida como norma geral ou individual pelo governo ou por um órgão subordinado autorizado por ordem do governo, raramente ela é ilegal no sentido de ser nula *ab initio*. A norma geral ou individual emitida pelo governo normalmente não é nula *ab initio*, embora possa ser anulável, mesmo que não esteja em conformidade com uma norma superior do direito nacional. Isso ocorre se o crime de guerra foi cometido sob a sanção de uma lei "inconstitucional" ou de um decreto "ilegal" do governo, ou de um regulamento "ilegal" do exército. Enquanto essa norma não for invalidada pela autoridade competente, ela é válida; e, enquanto for válida, tem de ser considerada em relação ao indivíduo que a executa como uma ordem legal. Os casos de nulidade absoluta (não de simples anulabilidade) de atos de governo são muito raros. Além do mais, o poder jurídico conferido pelo direito nacional e, em particular, pelo direito dos Estados ditatoriais, como a Alemanha nazista, ao governo – ou seja, ao chefe do Estado como comandante em chefe das forças armadas no que se refere ao comando da guerra – é praticamente ilimitado. O governo quase sempre tem condições de justificar seus atos do ponto de vista do direito nacional pelas necessidades de guerra. Por conseguinte, é difícil repudiar a exceção de obediência a ordem superior com o argumento de que a ordem foi "ilegal", no caso de ter sido emitida pelo governo ou de ter base em uma ordem do governo. O argumento de ilegalidade da ordem como justificativa para repudiar a exceção de obediência a ordem superior é praticamente restrito aos casos de ordens emitidas por órgãos relativamente subordinados sem autorização de seu governo.

De acordo com o direito de alguns Estados, a exceção de obediência a ordem superior pode ser rejeitada apenas se a ordem foi manifesta e indiscutivelmente contrária ao direito. Não é suficiente que a ordem tenha sido objetivamente ilegal. "Todos universalmente, inclusive os acusados, devem saber sem sombra de dúvida" que a ordem é "contrária ao direito"[27]. Casos assim são muito raros. Se a ilegalidade da ordem consistir em uma violação do direito internacional, é quase impossível supor que "todos universal-

---

27. Decisão do *Reichsgericht* alemão em Leipzig, no caso do *Llandovery Castle*, citado por Claud Mullins, *The Leipzig Trials* (1921), p. 131.

mente" saibam "sem sombra de dúvida" que tal ordem é contrária ao direito. Neste caso, a situação é totalmente diferente daquela em que a ilegalidade da ordem constitui violação do direito penal geral. Todos sabem, ou têm condições de saber, o que o direito penal geral de seu país proíbe. Pode-se, porém, supor com razoabilidade que todo soldado sabe o que o direito internacional proíbe? Atos que, de outro modo, seriam violações do direito internacional são, de acordo com o mesmo direito internacional, permitidos como represálias. Isso é de particular importância no que diz respeito às regras de guerra, uma vez que as únicas sanções previstas pelo direito internacional contra a violação dessas regras são as represálias. Como um soldado pode saber que uma ordem que viola as regras de guerra não é uma represália e, portanto, é permitida? Como ele pode entender que essa ordem é "sem sombra de dúvida" contrária ao direito? A ideia de justiça que está na base do direito penal nacional e particularmente na base do direito penal militar certamente não favorece a acusação de indivíduos que cometem crimes de guerra em obediência a um comando superior. Visto que a maior parte dos crimes de guerra cuja punição é exigida, e em particular muitos dos crimes de guerra politicamente importantes, são cometidos por ordens superiores que dificilmente serão manifesta e indiscutivelmente ilegais, os tribunais nacionais que aplicam o direito penal nacional por certo não são adequados para a punição de criminosos de guerra se a exceção de obediência a ordem superior não for reconhecida. Nessa condição, os tribunais nacionais do acusado são particularmente mal preparados. Esses tribunais são ainda mais inclinados a reconhecer a exceção de obediência que os tribunais do inimigo. Isso foi provado pelos famosos julgamentos dos criminosos de guerra alemães depois da Primeira Guerra Mundial[28].

---

28. Cf. Mullins, *op. cit.*, *passim*.

19. A jurisdição sobre prisioneiros de guerra

De acordo com a opinião geral, mencionada anteriormente, um beligerante tem jurisdição sobre os prisioneiros de guerra pelos crimes cometidos antes da apreensão. Os tribunais militares nacionais que exercem jurisdição sobre prisioneiros de guerra enfrentam a dificuldade de que, no mínimo, é duvidoso se os tribunais militares podem processar criminosos de guerra do inimigo depois de assinada a paz. Como se assinalou, para que o direito internacional não seja violado, os prisioneiros de guerra devem ser soltos no fim da guerra, mesmo se tiverem sido sentenciados por cometer crimes de guerra e mesmo se o tempo da sentença deles ainda não tiver expirado[29]. Em todo caso, os prisioneiros de guerra acusados de crimes de guerra, mas ainda não julgados e sentenciados, devem ser libertados. A fim de superar essa dificuldade, foi proposto "que o acordo de armistício conterá dispositivos para a rendição dos criminosos de guerra do inimigo a fim de dar às potências vitoriosas a oportunidade de julgar os criminosos por meio de seus tribunais nacionais antes da assinatura de paz"[30]. Não é certo, entretanto, que os indivíduos entregues por um beligerante ao outro com base em um tratado internacional – o acordo de armistício – sejam de fato "prisioneiros de guerra". Os prisioneiros de guerra são, de acordo com a definição dada no artigo 1.º, § 2.º, da Convenção sobre o Tratamento de Prisioneiros de Guerra, assinada em 27 de julho de 1929, em Genebra, para prisioneiros presos em guerra marinha e aérea,

> [...] pessoas pertencentes as forças armadas dos beligerantes que foram presas pelo inimigo no curso de operações de guerra marítimas ou aéreas [...].

---

29. W. E. Hall, *A Treatise on International Law* (1924), sec. 135. Oppenheim, *op. cit.*, vol. II, p. 459, sustenta que o Estado beligerante tem o direito de executar a punição infligida aos criminosos de guerra mesmo além da duração da guerra.

30. Proposta do Presidente da Câmara dos Lordes, out. 1942, mencionada por Manner, *op. cit.*, p. 433.

As pessoas extraditadas por um dos beligerantes para o outro, em execução do tratado de armistício, dificilmente podem ser consideradas presas no curso de operações militares. A base jurídica da jurisdição reivindicada pelo inimigo sobre essas pessoas não é a regra do direito internacional que se refere à jurisdição sobre prisioneiros de guerra, mas o tratado internacional por meio do qual o Estado cujos súditos são procurados para julgamento consente no julgamento deles pelo inimigo. Pelos dispositivos do acordo de armistício, a jurisdição sobre as pessoas em questão pode ser conferida ao inimigo. Uma vez que essas pessoas não são prisioneiros de guerra no sentido estrito da expressão, os tribunais do inimigo não são obrigados a concluir o julgamento antes da assinatura da paz. As pessoas acusadas estão na mesma condição jurídica dos indivíduos extraditados em conformidade com um tratado de extradição em tempo de paz. Do ponto de vista jurídico, não há diferença essencial entre esse acordo de armistício e um tratado de paz que contenha as mesmas cláusulas. Por esse tratado, os obstáculos jurídicos que impedem a jurisdição pós-guerra do inimigo sobre os criminosos de guerra podem ser removidos. E, por esse tratado, a jurisdição pode se estender sobre crimes de guerra que têm o caráter de atos de Estado, e os indivíduos podem ser responsabilizados por atos de Estado.

Ao que parece, essa é a verdadeira função do artigo 228 do Tratado de Paz de Versalhes, que diz:

> O governo alemão reconhece o direito das Potências Aliadas e Associadas de apresentar aos tribunais militares as pessoas acusadas de ter cometido atos que violaram as leis e os costumes de guerra. Essas pessoas serão, se consideradas culpadas, sentenciadas às penas prescritas na lei.

Ao empregar o termo "reconhece", os autores do Tratado de Paz, ao que tudo indica, atribuíram ao artigo 228 somente caráter declaratório. Porém, sem o consentimento do governo alemão, dado no artigo 228, os tribunais militares das Potências Aliadas e Associadas não teriam o direito de julgar pessoas por crimes de guerra depois da assinatura da paz. O artigo 228 não menciona expressamente os crimes de guerra que têm caráter de atos de Estado. Entretanto, o fato de não excluí-los e de que, segundo a redação desse artigo, o governo alemão concorda com o julgamento pelos tribunais militares inimigos de seus cidadãos pelos atos cometidos em violação das leis e dos costumes de guerra, permite que o artigo 228 seja interpretado como o necessário consentimento do governo alemão com a punição de alemães que cometeram crimes de guerra com caráter de atos de Estado, como a imputação de responsabilidade individual das pessoas envolvidas. Para evitar qualquer dúvida no final da Segunda Guerra Mundial, seria aconselhável inserir em qualquer tratado internacional futuro que confere aos tribunais nacionais ou internacionais jurisdição sobre criminosos de guerra um dispositivo expresso que inclua os crimes de guerra que têm caráter de atos de Estado[31].

20. A jurisdição penal internacional

Quanto à questão do tipo de tribunal que deverá ser autorizado a julgar os criminosos de guerra, nacional ou internacional, resta pouca dúvida de que um tribunal internacional é muito mais adequado para essa tarefa que um tribunal nacional civil ou militar[32]. Somente um tribunal cria-

---

31. No caso de ser ocupado o território de um dos beligerantes pelas forças armadas do outro, o ocupante, ao que parece, tem o direito de criar um tribunal especial para julgar os súditos do inimigo, até os membros do governo, presos depois do armistício pelas autoridades do ocupante no território ocupado (daí não serem considerados prisioneiros de guerra) por terem cometido crimes de guerra. Essa é a hipótese em que se baseia *The Day of Reckoning* (1943), de Max Radin. Não é certo, todavia, se as normas do direito internacional que regulam os direitos e deveres do ocupante são favoráveis a esse procedimento.

32. C. C. Hyde, em "Punishment of War Criminals", *Proceedings of the American Society of International Law at Its Thirty-Seventh Annual Meeting Held*

do por um tratado internacional, do qual sejam partes contratantes não apenas os Estados vitoriosos mas também os vencidos, não encontrará certas dificuldades que um tribunal nacional enfrentaria. Pois um tratado pelo qual se confere jurisdição sobre criminosos de guerra a um tribunal internacional pode criar a responsabilidade individual por aqueles crimes de guerra que têm o caráter de atos de Estado. Também pode excluir a exceção de obediência a ordem superior se tal exclusão for necessária para a promoção de justiça internacional. Mas apenas um tribunal internacional – internacional não só em relação a sua base jurídica, mas também no que se refere a sua composição – pode estar acima de qualquer suspeição de parcialidade. Os tribunais nacionais, e particularmente os tribunais militares nacionais, são inevitavelmente vulneráveis à suspeita. Os julgamentos de prisioneiros de guerra realizados por cortes militares durante a guerra podem induzir o inimigo a tomar medidas de retaliação da mesma espécie, embora as represálias contra prisioneiros de guerra sejam proibidas pela Convenção de Genebra. Esse mau emprego do direito pode ser evitado transferindo-se a punição dos prisioneiros de guerra a um tribunal internacional que comece sua ativida-

---

at Washington, D. C. (1945), p. 43, diz: "É plausível que as potências aliadas prefiram permanecer livres solidariamente para julgar e punir esses agentes inimigos estrangeiros quando entregues a elas pelos tribunais nacionais capacitados a proferir julgamento sobre a conduta desses indivíduos e aplicar as penalidades. À primeira vista, isso pode parecer um procedimento simples e inofensivo, além de livre de determinadas dificuldades encontráveis em outro. Se, porém, o recurso a esse método produzisse condenações indiscriminadas e a aplicação de inúmeras penalidades, os vitoriosos processantes teriam dificuldade para convencer a sociedade em geral de que os tribunais empregados para esse propósito não foram mais que ferramentas políticas; e as pessoas sujeitas às penas seriam consideradas mártires tanto em seu país quanto no exterior [...] Um tribunal ou tribunais composto somente de cidadãos neutros exigiriam mais facilmente o respeito pelas decisões adversas às alegações e defesas das pessoas acusadas e, a menos que indevidamente constrangidos pelas cláusulas do tratado pertinente, se mostrariam altamente úteis como expositores do direito internacional. Além disso, a disposição das potências aliadas para testar e comprovar sua queixa perante juízes neutros inspiraria o respeito decente e generalizado a seu favor."

de depois da assinatura de paz e consequentemente esteja em condições de cumprir a tarefa em um clima não contaminado pelas paixões da guerra. A internacionalização do processo judicial contra os criminosos de guerra teria a grande vantagem de uniformizar, em certa medida, a pena. Se os criminosos de guerra forem sujeitos a várias cortes nacionais, como prevê o artigo 229 do Tratado de Versalhes, é muito provável que esses tribunais "resultem em decisões conflitantes e penas variadas"[33].

---

33. Bellot, *op. cit.*, p. 421. O artigo 21 do Estatuto do Tribunal Penal Internacional, adotado pela 34.ª Conferência da Associação de Direito Internacional, de 1926 (*Relatório da Trigésima quarta Conferência*, p. 118), estabelece:

    A jurisdição do Tribunal se estenderá a todas as acusações de (a) violação das obrigações internacionais de caráter penal cometidas pelos súditos ou cidadãos de um Estado ou por um apátrida contra outro Estado ou seus súditos ou cidadãos, (b) violação de qualquer tratado, convenção ou declaração vinculante dos Estados partes da convenção de (local) do dia ... de ..., que regula os métodos e condutas de guerra, (c) violação de leis e costumes de guerra geralmente aceitos como vinculantes pelas nações civilizadas. – Sem prejuízo da jurisdição original da Corte, conforme definida anteriormente neste documento, a Corte terá poder para tratar de casos de natureza penal a ela encaminhados pelo Conselho ou pela Assembleia da Liga das Nações para julgamento, ou para inquérito e relatório. – No caso de discutir-se se a Corte tem jurisdição, o problema será resolvido pela decisão da Corte.

No "Report of the Permanent International Criminal Court Committee", *ibid.*, p. 110, lê-se: "O corpo de pareceres que apoia a criação de um Tribunal Penal Internacional é bastante significativo. Num trabalho apresentado à Sociedade Grócio, em março de 1916, e publicado na edição de setembro do *Nineteenth Century*, o dr. Bellot propôs a criação desse tribunal. Foi recomendado pelo Comitê Britânico de Investigação de Violações das Leis de Guerra, e, essa recomendação, endossada pela Comissão Internacional sobre Crimes de Guerra indicada pela Conferência de Versalhes pela maioria de oito a um. Essa recomendação, entretanto, foi rejeitada pelo Conselho Supremo. Foi posteriormente recomendada pelo Comitê de Juristas de Haia, que esboçaram o Estatuto para a Corte Permanente de Justiça Internacional. Foi defendida pelo lorde Phillimore e pelo dr. Bellot nos trabalhos apresentados à Conferência de Buenos Aires da Associação de Direito Internacional, em 1922. Os dois autores desses trabalhos propuseram que a jurisdição da Corte deveria estender-se a ofensas não militares bem como a ofensas militares. A Conferência, porém, limitou-a às militares somente e ficou resolvido que 'no parecer dessa Conferência, a criação de um tribunal penal internacional é essencial ao interesse da justiça, e a Conferência é da opinião que o assunto é de urgência'. Em 1926, a Associação de Direito Penal Internacional, em Conferência realizada

O que a Declaração das Três Potências, assinada em Moscou, exige é a jurisdição dos Estados vitoriosos sobre os criminosos de guerra do inimigo. As pessoas que cometeram crimes de guerra serão "[...] levadas de volta ao local de seus crimes e julgadas *in loco* por aqueles a quem ultrajaram". Os crimes de guerra que "não têm localização geográfica determinada" serão punidos por "[...] decisão conjunta dos Governos dos Aliados". É perfeitamente compreensível que durante uma guerra as pessoas vítimas de crimes de guerra queiram fazer justiça com suas próprias mãos e punir aqueles que consideram ser criminosos. Entretanto, depois que termina a guerra, as mentes que estiveram fechadas se abrem novamente para a ideia de que a jurisdição penal exercida pelos Estados prejudicados sobre os cidadãos inimigos pode ser considerada vingança em vez de justiça e, por conseguinte, não é o melhor meio de garantir a paz futura. Isso vale particularmente no que diz respeito aos crimes que são atos do Estado inimigo. Mesmo se o princípio de que nenhum Estado tem jurisdição sobre os atos de outro Estado fosse considerado inaplicável em tempo de guerra – o que é, no mínimo, muito duvidoso[34] –, do ponto de vista político é mais aconselhável julgar as pessoas acusadas desses atos por meio de um tribunal internacional com o consentimento de seu próprio Estado. Obter esse consentimento no armistício ou no tratado de paz firmado com o Estado vencido não é tão difícil. Pois o novo governo criado depois da derrota tem motivos suficientes para repudiar, em seu próprio interesse, os atos ilegais do ponto de vista internacional cometidos por seu predecessor.

---

em Bruxelas, propôs a concessão de jurisdição penal à Corte Permanente de Justiça Internacional. Na Conferência Internacional sobre a Repressão do Terrorismo, realizada por iniciativa do Conselho da Liga das Nações, em 1º nov. 1927, em Genebra, foi assinada uma Convenção para a Criação de um Tribunal Penal Internacional para julgamento de pessoas acusadas de atos de terrorismo. Ver *Proceedings of the International Conference on the Repression of Terrorism*, Series of League of Nations Publications, Legal, 1938, v. 3. Cf. também M. O. Hudson, "The Proposed International Criminal Court", *American Journal of International Law* (1938), vol. 32. pp. 549ss.

34. Cf. pp. 89ss.

A punição dos criminosos de guerra deve ser um ato de justiça internacional, não a satisfação da sede de vingança. Não é compatível com a ideia de justiça internacional que apenas os Estados vencidos sejam obrigados a entregar seus súditos à jurisdição de um tribunal internacional para a punição de crimes de guerra. Os Estados vitoriosos também deveriam se dispor a transferir a jurisdição sobre seus súditos que transgrediram as leis de guerra ao mesmo tribunal internacional independente e imparcial[35]. Somente se os vitoriosos se submeterem à mesma lei que pretendem impor aos Estados vencidos será preservada a ideia de justiça internacional. No que diz respeito às penas, o tratado que estabelece a jurisdição da corte deve autorizá-la a infligir ao indivíduo culpado a penalidade prevista pelo direito penal de seu Estado. Se o tribunal tiver jurisdição sobre pessoas que, na função de representantes de um Estado, violaram o direito internacional recorrendo à guerra ou provocando-a, o tratado que cria o tribunal pode determinar as penas ou autorizar o tribunal a fixá-las discricionariamente.

A punição de crimes de guerra por um tribunal internacional, e particularmente a punição de crimes com caráter de atos de Estado, certamente encontraria muito menos resistência, uma vez que feriria muito menos os sentimen-

---

35. Hyde, *op. cit.*, p. 43, afirma: "O trabalho de qualquer tribunal deve restringir-se objetivamente ao julgamento e possível condenação dos membros das forças do Eixo ou deve abranger os membros das Forças Aliadas acusados pelos inimigos de cometer delitos contra as leis de guerra? O assunto exige atenta reflexão. A confiança nos elevados ideais das potências aliadas sem dúvida aumentaria em toda parte se os tribunais a serem criados recebessem ampla jurisdição para julgar a conduta de qualquer pessoa de qualquer nacionalidade, independentemente de qual seja o Estado beligerante a que tenha servido. Se, entretanto, um membro da Força Aliada for considerado culpado, como acusado, a questão da imposição da pena exigiria um arranjo claro. É de esperar que uma potência aliada se recuse a concordar em entregar um membro de suas forças condenado a uma potência do Eixo para ser por ela punido. Sem dúvida, as potências aliadas haveriam de insistir num plano para a punição dos membros de suas forças armadas por seus próprios órgãos em seus próprios domínios, se eles tivessem de ser sujeitos a processo."

tos nacionais, se fosse levada a efeito dentro do contexto de uma reforma geral do direito internacional. O objetivo dessa reforma deve ser o de complementar a responsabilidade coletiva dos Estados por violação do direito internacional, instituindo a responsabilidade individual daquelas pessoas que, como agentes do Estado, cometeram os atos que violaram o direito internacional[36]. Essa reforma só pode ser feita com êxito com base em um tratado que constitua uma liga de Estados cujo órgão principal seja um tribunal dotado de jurisdição compulsória, como se propôs na primeira parte do presente estudo. A jurisdição penal pode ser conferida ao tribunal competente para resolver as disputas entre os membros da liga ou a uma câmara especial do mesmo tribunal. Para que o tribunal tenha competência em assuntos penais, alguns juízes devem ser especialistas em direito penal[37].

---

36. A Conferência da Associação Internacional de Direito Penal realizada em 1926, em Bruxelas, aprovou por unanimidade as seguintes resoluções: "1. Que a jurisdição penal será concedida à Corte Permanente de Justiça Internacional. 2. Que ela será consultada, no que diz respeito à resolução de conflitos de jurisdição, judiciais ou legislativos, que possam surgir entre diferentes Estados[...] 3. Que a Corte Penal Permanente apreciará todas as causas que envolvam a possível responsabilidade penal dos Estados em consequência de uma agressão injusta e de violações do direito internacional. A Corte imporá sanções penais e medidas de segurança ao Estado ofensor. 4. Que a Corte Permanente apreciará aquelas causam que envolvam a responsabilidade individual e que possam surgir do crime de agressão, bem como de crimes ou contravenções e de todas as violações do direito internacional cometidas em tempo de paz ou em tempo de guerra, e, particularmente, de crimes definidos pelo *common law*, que em razão da nacionalidade da vítima dos supostos agressores possam ser considerados neste ou em outros Estados crimes internacionais e ameaças à paz mundial. 5. Que a Corte Permanente terá jurisdição sobre indivíduos que possam ter cometido crimes ou delitos não passíveis de ser submetidos à jurisdição de determinado Estado, devido ao fato de o território em que esses delitos foram cometidos ser desconhecido ou tenha a soberania questionada." *Revue Internationale de Droit Pénal* (1926), vol. 3, p. 466.

37. No Anexo II, apresenta-se um esboço de cláusulas de um tratado para ser inserido no esboço de um Pacto para uma LPMP (Anexo I) caso se pretenda instituir a responsabilidade individual por violação do direito internacional (jurisdição penal internacional).

Caso se pretenda instituir a responsabilidade individual em todas as relações internacionais entre os Estados, mediante a previsão de pena a ser aplicada aos indivíduos culpados, surge o problema referente às condições em que um ato que constitui violação do direito internacional tem o caráter de crime passível de punição no sentido estrito da expressão. Nem todo ato que constitui violação do direito é um crime passível de punição. Quais violações do direito internacional cometidas por um Estado são de natureza tal que possa justificar a punição dos indivíduos que, na função de representantes do Estado, praticaram os atos que violaram o direito? Não há dificuldade para responder a essa pergunta se, como no caso de um crime de guerra, o ato for uma violação do direito internacional e ao mesmo tempo uma violação do direito penal nacional. Se, todavia, o ato não for "crime" de acordo com o direito penal nacional, sua punição prevista por um tratado internacional se justifica somente se ele for por sua própria natureza um "crime". O que, então, é um "crime" em contraposição a outras violações do direito e qual é o critério de um crime – não *de lege lata*, mas *de lege ferenda* – que justifica a sanção específica caracterizada como "pena"? A resposta provável a essa pergunta é que um ato é um crime passível de punição se, de acordo com a opinião do legislador, ele é prejudicial não só para o indivíduo diretamente atingido, mas também para toda a sociedade. Essa definição pode ser aplicada também às violações do direito internacional. Uma violação do direito internacional cometida por um Estado é um crime pelo qual o indivíduo agente é passível de pena se o ato for prejudicial não só para o Estado diretamente atingido por ele, mas também para toda a comunidade internacional. O Comitê Consultivo de Juristas indicado pelo Conselho da Liga das Nações em fevereiro de 1920, com o objetivo de elaborar os planos para a criação da Corte Permanente de Justiça Internacional, discutiu a questão de conferir competência à Corte em assuntos penais. No decorrer da discussão, o barão Descamps perguntou: "Existem crimes contra o Direito das Nações?" E respondeu à pergunta afirmativamente, definindo esses "crimes" como atos "de natureza tal que a segurança de todos os Estados seria posta em risco por eles"[38]. A expressão "pôr em risco a segurança de todos os Estados" significa quase o mesmo que a expressão "prejudicial à comunidade internacional", talvez a mais adequada. O Comitê não esclareceu a dúvida de quais seriam as violações do direito internacional que "poriam em risco a segurança de todos os Estados". Ao que parece, Descamps dava como certo que nem todas as violações do direito internacional eram "crimes", no sentido de sua definição. Ele considerava necessário autorizar a Corte Internacional a "esclarecer a natureza da ofensa"[39], com o que ele provavelmente queria dizer que a Corte devia decidir se a ofensa tinha caráter de "crime" ou não. Dificilmente é possível, entretanto, traçar uma linha divisória nítida entre as violações do direito internacional que são prejudiciais à comunidade internacional e, portanto, crimes pelos quais o indivíduo perpetrador pode ser punido e as violações do direito internacional que não têm essa natureza. Visto que toda violação do direito é prejudicial à comunidade jurídica, esta atribui a qualquer violação uma sanção. A única diferença existente refere-se ao grau em que um delito é prejudicial à comunidade. Aos atos considerados mais prejudiciais, o ordenamento jurídico nacional atri-

---

38. Corte Permanente de Justiça Internacional, Comitê Consultivo de Juristas, *Procès verbaux of the Proceedings of the Committee, June 16-July 24, 1920* (Haia, 1920), p. 498.
39. *Ibid.*, p. 512. O barão Descamps tirou sua ideia do instituto de responsabilidade ministerial criado pela constituição de seu país. Disse (p. 512): "A Constituição da Bélgica, que é tão liberal, e desse modo tão escrupulosa na aplicação de penas, não hesita em dispor que a Câmara de Representantes pode apresentar acusações contra os ministros e apresentá-los para julgamento perante a Corte de Cassação, que é expressamente investida de poder para esclarecer a ofensa e determinar a pena." A responsabilidade individual do representante de Estado pela violação do direito internacional é, na verdade, análoga à responsabilidade individual de um membro do governo pela violação da constituição ou outra norma de direito nacional (*impeachment* na Grã-Bretanha).

bui penas; aos atos considerados menos prejudiciais, execução civil. Dificilmente se pode introduzir no direito internacional uma distinção entre dois tipos de sanções, quais sejam, pena e execução civil. Entretanto, como veremos adiante, as sanções dirigidas contra indivíduos responsabilizados por violação do direito internacional podem ser muito mais diferenciadas do que geralmente são no direito penal nacional. Não é possível distinguir por um critério absoluto a "pena" de uma sanção que não tenha esse caráter. Portanto, é aconselhável não empregar o termo "pena" em relação ao problema da responsabilidade individual por violação do direito internacional, mas sim a noção de sanções individuais, contrapostas aí às sanções coletivas de direito internacional; ou, se for empregada a palavra "pena", é prudente defini-la como a sanção dirigida contra um indivíduo responsabilizado por uma violação do direito internacional.

No que diz respeito à instituição da responsabilidade individual por violações do direito internacional, precisamos distinguir violações do direito internacional mediante atos de Estado e violações mediante atos sem esse caráter. Entre as primeiras, podem-se distinguir quatro grupos de ofensas: (1) recorrer à guerra desrespeitando o direito internacional particular ou geral (Pacto Kellogg-Briand etc.); (2) provocar guerra – ou seja, cometer um delito internacional contra o qual a guerra seja uma reação justa (o delito de provocar guerra não tem importância nenhuma se o pacto que criar a Corte permitir a guerra somente como uma sanção coletiva e se ela for executada mediante ou sob a autoridade da liga); (3) violar as regras de guerra; (4) violar outras normas de direito internacional geral ou particular[40].

O julgamento de um indivíduo que, na função de órgão de Estado, for considerado responsável pela violação do di-

---

40. Na discussão do Comitê Consultivo de Juristas, o lorde Phillimore diferenciou: (1) atos cometidos em tempo de paz; (2) crimes de guerra; (3) crime de ter feito guerra.– *Ibid.*, p. 507.

reito internacional cometida por seu Estado pode ocorrer em concomitância com o procedimento da Corte em uma ação intentada por um Estado ou por uma agência internacional (como o Conselho da liga) contra o Estado acusado de ter cometido uma das ofensas mencionadas *sub* 1-4. Depois de decidir que determinado Estado violou o direito internacional, a Corte pode, a pedido do Estado prejudicado, abrir um processo contra o indivíduo que, como órgão do Estado culpado, deve ser responsabilizado pela violação do direito por parte deste. No caso das ofensas mencionadas *sub* 1 e 2, o processo contra o indivíduo responsável pode ser aberto também a pedido da agência internacional.

A pena infligida pelo tribunal ao indivíduo considerado responsável pela violação do direito internacional por seu Estado não impede que esse tribunal imponha ao Estado culpado a obrigação de reparar o erro. As penas a serem infligidas aos indivíduos culpados devem ser determinadas pelo tribunal de acordo com o direito penal do Estado do acusado. Contudo, desde que os atos mencionados *sub* 1 e 2 não constituam crime de acordo com o direito nacional, a Corte pode ser autorizada a infligir ao indivíduo culpado, em caso de uma ofensa mencionada *sub* 1 e 2, qualquer pena que considerar adequada. A pena de morte, todavia, deve ser excluída se o direito penal do acusado não a prever. No caso de uma ofensa mencionada *sub* 3 (crime de guerra), o tribunal deve infligir ao acusado a pena que o direito penal de seu Estado prevê para o ato se este não teve caráter de ato de Estado, mas foi um crime comum.

As ofensas mencionadas *sub* 4, assim como as *sub* 1 e 2, em geral não constituem, de acordo com o direito nacional, atos criminosos se não forem atos de Estado. Na maior parte dos casos, o delito do órgão responsável pela violação do direito internacional praticada pelo Estado é muito menos prejudicial à comunidade internacional que nos casos mencionados *sub* 1 a 3. Por conseguinte, as sanções individuais a ser atribuídas a esses delitos, se eles não constituem crime de acordo com o direito pena geral, devem ser muito menos graves que as infligidas aos criminosos de guerra ou aos autores da guerra. O objetivo da penalidade no caso das ofensas mencionadas *sub* 4 deve ser estigmatizar moral e politicamente as pessoas culpadas mais do que infligir-lhes um dano físico, como prisão ou multa. Essas penas são: perda dos direito políticos, perda da capacidade de exercer função pública etc. A Corte pode até restringir sua sentença à declaração de que o acusado violou o direito internacional (ou é responsável pessoalmente pela violação do direito internacional por parte de seu Estado).

As violações do direito internacional por atos de indivíduos, não atos de Estado, dividem-se em dois grupos: (1) atos cujos praticantes o Estado do qual são cidadãos é obrigado a punir; a esse grupo pertencem os crimes de guerra cometidos não por ordem nem com autorização do governo (quando o delinquente caiu nas mãos das autoridades do Estado prejudicado, existe, em geral, jurisdição simultânea deste). (2) Atos cujos praticantes o Estado do qual são cidadãos não é obrigado a punir, mas que ou todos os Estados ou os Estados prejudicados são autorizados pelo direito internacional a punir ou contra quem são autorizados a impor uma sanção que não tenha exatamente o caráter de pena; a esse grupo pertencem atos como pirataria, violação de bloqueio, contrabando, espionagem, traição de guerra e outros.

Se for criado um tribunal internacional com competência para decretar sanções não só contra os Estados por violação do direito internacional, mas também contra os indivíduos responsáveis por essa violação, não é necessário conferir a essa corte, como tribunal de primeira instância, jurisdição sobre os indivíduos acusados de terem violado o direito internacional com atos que não tenham o caráter de atos de Estado. Se o Estado do qual esses indivíduos são cidadãos, como no caso mencionado *sub* 1, é obrigado a puni-los e não cumprir essa obrigação, o Estado prejudicado tem legitimidade para levar o Estado culpado e seu representante responsável à justiça perante o tribunal internacional. É possível, entretanto, e aconselhável, dar ao Estado prejudicado o direito de recorrer ao tribunal internacional se a sentença do tribunal nacional não lhe satisfizer. Se o delinquente estiver na esfera de poder jurídico de um terceiro Estado, membro da liga, o Estado obrigado a puni-lo deve ser obrigado a pedir sua extradição, e o terceiro Estado, obrigado a concedê-la. Quando o delinquente é sentenciado não por um tribunal de seu Estado, mas pelo tribunal de um Estado estrangeiro, particularmente por um tribunal do Estado prejudicado, tanto o indivíduo sentenciado como seu Estado devem ter o direito de apelar ao tribunal internacional. O direito material a ser aplicado pelo tribunal internacional deve ser o direito do tribunal de cuja sentença se apresentou recurso. Nos casos mencionados *sub* 2, é igualmente aconselhável conceder ao indivíduo sentenciado pelo tribunal nacional e, se o acusado for cidadão de outro Estado-membro, conceder a seu Estado o direito de apelar ao tribunal internacional. Se o tribunal nacional aplicou o direito penal nacional em sua sentença, como no caso de pirataria, o tribunal internacional, como Corte de apelação, tem de aplicar o mesmo direito nacional. Se o tribunal nacional decretou uma sanção diretamente determinada pelo direito internacional, como no caso de violação de bloqueio ou contrabando (confisco da embarcação e da carga), o tribunal internacional tem de aplicar o direito internacional.

Os atos de indivíduos que não são atos de Estado em geral são violações do direito internacional, uma vez que são internacionalmente ofensivos. A expressão "internacionalmente ofensivos" significa que o ato ofende um Estado diferente do Estado que tem responsabilidade objetiva por ele já que foi cometido em seu território, como um insulto à bandeira de um Estado estrangeiro. Os atos de particulares pelos quais nenhum Estado é responsável, como pirataria, são internacionalmente ofensivos na medida em que violam interesses de um Estado autorizado pelo direito internacional a puni-los. É possível, entretanto, que um tratado internacional obrigue os Estados signatários a prever punição por certos crimes que não são ofensivos a outro Estado, mas cuja pena é de interesse comum dos Estados pactuantes, como tráfico de ópio e quejandos. Nesses casos também, o tribunal internacional pode ter jurisdição como tribunal de recurso, e o acusado, bem como cada um dos Estados contraentes, pode ter o direito de recorrer do tribunal nacional competente ao tribunal internacional. Este último também pode decidir conflitos de competência entre tribunais nacionais.

Qualquer pessoa diretamente atingida pelo delito que é objeto do processo judicial pode, se autorizada pelo tribunal, e sem prejuízo de quaisquer condições por ele impostas, constituir-se *partie civile* perante o tribunal; essa pessoa não participará do processo oral a não ser quando a corte estiver tratando dos danos[41].

A pedido do tribunal internacional, qualquer Estado-membro da liga deve ser obrigado a apresentar a esse tribunal qualquer indivíduo que estiver sob a jurisdição e sob o poder do Estado referido. O tribunal pode decidir se o indivíduo que lhe foi apresentado será preso e em que condições ele pode ser libertado. O Estado em cujo território o tribunal se constitui deve pôr à disposição desse tribunal todos os meios necessários para o procedimento judicial eficiente, como um local adequado de internamento, uma equipe de guarda para a custódia dos presos etc.[42].

Os mandados e decisões do tribunal internacional devem ser executados pelo Estado designado no mandado ou decisão. Se um Estado deixar de cumprir a obrigação de executar um mandado ou decisão do tribunal internacional, as sanções coletivas previstas pelo pacto que constitui a liga como comunidade judicial devem entrar em ação.

---

41. Ver o artigo 26 da Convenção para a Criação de um Tribunal Penal Internacional, *Proceedings of the Internacional Conference on the Repression of Terrorism*, Series of League of Nations Publications, Legal, 1938, vol. 3, p. 23.

42. Ver o artigo 31 da Convenção mencionada, *ibid.*, p. 25.

Anexos

ANEXO I

PACTO
DE UMA
LIGA PERMANENTE
PARA A MANUTENÇÃO DA PAZ

Associação à Liga

Artigo 1.º

1. Os membros da Liga Permanente para a Manutenção da Paz são as Partes Contraentes e os outros Estados que aderirem sem reservas a este Pacto. Essa adesão se dará por uma declaração depositada junto ao Secretariado. Será enviada a notificação correspondente a todos os outros membros da Liga.
2. Qualquer dúvida quanto a se a comunidade que declarou adesão à Liga é um Estado no sentido do direito internacional será dirimida por uma decisão da Corte.

Órgãos da Liga

Artigo 2.º

Os órgãos da Liga são:
    a. A Assembleia

  b. A Corte
  c. O Conselho
  d. O Secretariado

A Assembleia

Artigo 3º

  1. A Assembleia será formada por representantes dos membros da Liga.
  2. A Assembleia se reunirá em intervalos determinados e de vez em quando, conforme exija a ocasião, na sede da Liga ou em outro lugar que se decida.
  3. Nas reuniões da Assembleia cada membro da Liga terá um voto e não poderá ter mais de um representante.
  4. O Governo de [...] convocará a primeira reunião da Assembleia. Seu representante presidirá a primeira sessão.
  5. Os representantes na Assembleia presidirão as sessões seguintes em rodízio por ordem alfabética em inglês dos nomes dos Estados que representam. O presidente assumirá seu cargo no início da sessão e o exercerá até a abertura da próxima sessão.
  6. A Assembleia será competente para adotar decisões que vinculam os membros somente em matérias previstas neste Pacto. A não ser quando expressamente previsto de outro modo no Pacto, as decisões da Assembleia (inclusive eleições) serão tomadas por maioria simples de votos dos membros presentes à reunião.
  7. A Assembleia poderá discutir qualquer matéria que afete a situação internacional e expressar sua opinião por meio de resoluções adotadas pela maioria dos membros presentes à reunião.
  8. A Assembleia poderá elaborar suas normas de procedimento.

ANEXOS

A Corte

Artigo 4.º

A Corte será formada por 17 integrantes nomeados entre pessoas de elevado caráter moral e que sejam especialistas em direito internacional.

Artigo 5.º

Os integrantes da Corte serão nomeados para o exercício vitalício de suas funções, de acordo com o disposto a seguir.

ou

Artigo 4.º

1. A Corte será formada por 17 integrantes.
2. Os integrantes da Corte serão nomeados entre pessoas de elevado caráter moral e que sejam especialistas em direito internacional, de acordo com o disposto a seguir: (Neste caso, o artigo 5.º é excluído.)

Artigo 6.º

1. Cada Governo de Estado-membro da Liga convidará suas mais altas cortes de justiça, suas faculdades e escolas de direito e suas academias nacionais e seções nacionais das academias internacionais dedicadas ao estudo do direito para indicar duas pessoas em condição de aceitar os deveres de um integrante da Corte.
2. Somente um deles será de sua própria nacionalidade. A mesma pessoa poderá ser indicada por instituições diferentes do mesmo Estado, bem como por instituições de diferentes Estados.
3. Cada Governo inscreverá em uma lista a pessoa assim indicada pelas instituições de seu Estado e encaminhará essa lista ao Secretário-Geral da Liga.

Artigo 7º

O Secretário-Geral preparará uma lista de todas as pessoas assim indicadas, de acordo com o disposto a seguir:

Artigo 8º

1. A primeira parte da lista será formada pelas pessoas indicadas pelas instituições que não são de sua nacionalidade.
2. A ordem em que essas pessoas serão registradas será determinada pelo número de Estados estrangeiros cujas instituições indicaram a respectiva pessoa. A pessoa indicada pelas instituições de um número maior de Estados estrangeiros precederá a pessoa indicada pelas instituições de um número menor de Estados estrangeiros. A pessoa indicada não somente por instituições de um ou mais Estados estrangeiros, mas também por instituições de seu próprio Estado, precederá as pessoas indicadas pelas instituições do mesmo número de Estados estrangeiros, mas por nenhuma instituição de seus Estados.
3. As pessoas indicadas por instituições do mesmo número de Estados (inclusive seus próprios Estados) serão classificadas de acordo com o número de instituições pelas quais foram indicadas. No caso de terem sido indicadas pelo mesmo número de instituições, serão registradas em ordem alfabética.
4. O mesmo princípio se aplica às pessoas indicadas somente por instituições de um único Estado estrangeiro.

Artigo 9º

A segunda parte da lista a ser preparada pelo Secretário-Geral será formada pelas pessoas indicadas por instituições de seus próprios Estados. Essas pessoas serão registradas segundo a ordem alfabética do nome de seus respectivos Estados. Em cada grupo nacional as pessoas serão classificadas de acordo com o número de instituições nacionais pelas quais foram indicadas.

Artigo 10

1. As primeiras nove pessoas registradas na primeira parte da lista de especialistas serão consideradas membros nomeados para a Corte. Os outros oito integrantes da Corte serão eleitos da segunda parte da lista pela Assembleia da Liga de acordo com o princípio de maioria de votos.

2. Para cada um dos oito assentos haverá uma eleição separada. Se dois (três) escrutínios não produzirem maioria, os nove juízes indicados de acordo com o § 1.º deste artigo elegerão o juiz a partir da segunda parte da lista de especialistas.

Artigo 11

Caso um dos integrantes da Corte morra ou renuncie, ou seja destituído pela Corte de acordo com o artigo 17, a Corte elegerá um integrante daquela parte da lista da qual o membro falecido, renunciante ou destituído fora selecionado.

ou

Caso um dos integrantes da Corte que tenha sido escolhido da primeira parte da lista de especialistas (art. 8.º) morra, renuncie, se aposente ou seja destituído de acordo com o artigo 17, a Corte elegerá um juiz dessa parte da lista; se tiver sido escolhido da segunda parte da lista (art. 9.º), a Assembleia elegerá um juiz dessa parte da lista. Se dois (três) escrutínios não produzirem maioria, a Corte elegerá o juiz da segunda parte da lista.

Artigo 12

A lista de especialistas a ser preparada pelo Secretário-Geral será renovada a cada quatro anos de acordo com o disposto nos artigos 6.º a 9.º.

Artigo 13

Os integrantes da Corte são independentes.

Artigo 14

Os integrantes da Corte desfrutarão privilégios e imunidades diplomáticos em todos os Estados-membros da Liga; sua cidadania e lealdade ao Estado de origem será suspensa durante o exercício de suas funções de integrantes da Corte. O documento que certifica a participação deles na Corte será reconhecido como passaporte diplomático por todos os Estados-membros da Liga.

Artigo 15

1. Os integrantes da Corte não poderão exercer nenhuma função política ou administrativa, nem se envolver com outra ocupação de natureza profissional.
2. Qualquer dúvida sobre essa questão será resolvida pela decisão da Corte.

Artigo 16

1. Nenhum integrante da Corte poderá atuar como agente, consultor nem advogado em nenhuma causa.
2. Nenhum integrante poderá participar da análise e da decisão de nenhuma causa em que seu Estado de origem seja uma das partes conflitantes, nem em nenhuma causa em que tenha anteriormente tomado parte ativa como agente, consultor ou advogado de uma das partes conflitantes, ou como membro de um tribunal nacional ou internacional, de comissão de investigação, nem de nenhuma outra função.
3. Qualquer dúvida sobre essa questão será resolvida pela decisão da Corte.

Artigo 17

1. Qualquer juiz poderá renunciar a seu cargo.

2. Quando um juiz ficar incapacitado física ou mentalmente de exercer suas funções, poderá ser aposentado por uma decisão da Corte tomada pela maioria dos outros integrantes.

ou

2. Quando um juiz tiver completado setenta anos de idade, será obrigado a aposentar-se (poderá ser aposentado por uma decisão da Corte tomada pela maioria dos outros integrantes).

3. Se um juiz deixar de atender às condições exigidas pelo artigo 4.º, poderá ser destituído por decisão da Corte tomada por unanimidade pelos outros integrantes.

Artigo 18

Todo integrante da Corte, antes de assumir suas obrigações, fará uma declaração solene e pública, perante o tribunal pleno, de que exercerá seu poder com imparcialidade e escrúpulo.

Artigo 19

1. A Corte elegerá seu presidente e vice-presidente para um mandato de três anos. Estes poderão ser reeleitos.
2. A Corte nomeará seu escrivão.

Artigo 20

1. A sede da Corte se estabelecerá na sede da Liga.
2. Todos os integrantes da Corte deverão residir na sede da Corte.

Artigo 21

A Corte estará em sessão permanente, exceto nas férias judiciais, nas datas e períodos que serão fixados pela Corte.

Artigo 22

1. Se, por alguma razão especial, um integrante da Corte considerar que não deve tomar parte na decisão de determinada causa, informará isso ao presidente.

2. Se o presidente considerar que, por alguma razão especial, um dos integrantes da Corte não deve tomar parte em determinada causa, ele o notificará adequadamente.

3. Se em qualquer desses casos, o integrante da Corte e o presidente discordarem, a questão será resolvida pela decisão da Corte.

Artigo 23

1. A Corte se reunirá em tribunal pleno, exceto quando se prever expressamente de outro modo.

2. O quórum de onze juízes será suficiente para constituir a Corte plena.

3. Todas as questões serão decididas pela maioria dos juízes presentes à reunião. No caso de igualdade de votos, o presidente ou seu representante terá o voto de Minerva.

Artigo 24

1. A Corte tem autoridade para elaborar normas que regulem seu procedimento (Regimento da Corte).

2. O Regimento da Corte poderá prever a criação de Câmaras compostas de cinco (sete) juízes e determinar os casos a serem julgados por uma Câmara.

Artigo 25

A língua oficial da Corte será o inglês, mas cada parte poderá empregar a língua de seu país. A Corte tomará as devidas providências para a tradução para o inglês de qualquer declaração oral ou escrita a ela dirigida em outra língua diferente da língua oficial.

Artigo 26

1. Os integrantes da Corte receberão um salário anual.
2. O presidente receberá uma verba especial anual.
3. O vice-presidente receberá uma verba especial correspondente a cada dia em que houver atuado como presidente.
4. Tais salários e verbas serão fixados pela Assembleia da Liga.

O Conselho

Artigo 27

1. Os Estados Unidos da América, o Reino Unido da Grã-Bretanha e Irlanda do Norte, a União das Repúblicas Socialistas Soviéticas e a China são membros permanentes do Conselho.
2. Os membros não permanentes do Conselho serão escolhidos pela Assembleia somente para um período fixo.
3. A Assembleia fixará as normas que tratam da eleição dos integrantes não permanentes do Conselho e, especialmente, dos regulamentos relacionados a seu ofício e as condições de reelegibilidade.
4. Nas reuniões do Conselho, cada membro da Liga representado no Conselho terá um voto e não mais que um representante.
5. O Governo de [...] convocará a primeira reunião do Conselho; seu representante presidirá a primeira sessão.
6. As sessões seguintes serão presididas pelos representantes no Conselho em rodízio, por ordem alfabética em inglês dos nomes dos Estados que representam. O presidente assumirá a função no início da sessão e a exercerá até a abertura da sessão seguinte.
7. O Conselho será competente para tomar decisões que vinculem os membros somente em assuntos previstos nesse Pacto.

8. Exceto quando expressamente previsto de outro modo nesse Pacto, as decisões do Conselho serão tomadas por maioria simples de votos dos membros presentes à reunião.

9. O Conselho poderá elaborar suas regras de procedimento.

O Secretariado

Artigo 28

1. O Secretariado será estabelecido na sede da Liga. O Secretariado abrangerá uma Secretaria-Geral e tantas secretarias e funcionários quantos forem necessários.

2. O Secretário-Geral será indicado por decisão da Assembleia. Poderá ser destituído do cargo da mesma maneira. Também poderá renunciar.

3. Os secretários e o pessoal do Secretariado serão indicados pelo Secretário-Geral com a aprovação do Conselho.

4. A Secretaria-Geral atuará nessa função em todas as reuniões da Assembleia e do Conselho.

Artigo 29

Os custos da Liga correrão por conta dos seus membros na proporção decidida pela Assembleia.

A Sede da Liga e os privilégios dos representantes

Artigo 30

1. A Liga estará sediada em [...].

2. O Conselho poderá a qualquer tempo decidir que a sede da Liga seja estabelecida em outro lugar.

3. Os representantes dos membros da Liga e os funcionários da Liga desfrutarão privilégios e imunidades diplomáticos quando estiverem a serviço da Liga.

4. Os edifícios e outras propriedades ocupadas pela Liga ou por seus funcionários ou representantes presentes a suas reuniões serão invioláveis.

Competência da Corte

Artigo 31

1. Se surgir entre membros da Liga qualquer disputa, qualquer parte da disputa poderá apresentar a questão à Corte.
2. A Corte será competente para decidir qualquer disputa entre membros da Liga apresentada por uma das partes da disputa.

Artigo 32

A Corte será competente para decidir uma disputa entre um Membro e um Estado que não seja membro da Liga se este, por declaração depositada junto à Corte, reconhecer os dispositivos dos artigos 33-36 com os direitos e obrigações de um membro em tudo quanto se refira a essa disputa.

Artigo 33

1. Ao decidir as disputas mencionadas nos artigos 31 e 32, a Corte aplicará as normas do direito internacional.
2. Os princípios gerais de direito reconhecidos pelas nações civilizadas são considerados partes do direito internacional.
3. A Corte, com o consentimento das partes, poderá decidir uma causa *ex aequo et bono*.

Proibição de guerra e represálias

Artigo 34

Não é permitido a nenhum membro da Liga recorrer a guerra ou represálias contra outro membro, a não ser nos casos previstos no artigo 35 e no artigo 36, § 2º, deste Pacto.

Sanções contra Estados-membros

Artigo 35

Caso qualquer um dos membros da Liga recorra à guerra ou a represálias contra outro membro, descumprindo as obrigações previstas no artigo 34, a Corte decidirá, a pedido do membro prejudicado ou do Conselho, se o membro acusado violou o Pacto. De acordo com essa decisão, o Conselho determinará as sanções econômicas ou militares necessárias contra o membro declarado responsável pela violação.

Execução

Artigo 36

1. Todos os mandados e decisões da Corte e do Conselho serão executados em plena boa-fé pelo Estado-membro designado no mandado ou decisão.
2. Se um Estado-membro não cumprir essa obrigação, o Conselho determinará, a pedido da Corte ou por iniciativa própria, as medidas necessárias destinadas a garantir a execução.
3. Caso o Estado-membro envolvido alegue que o mandado ou decisão a ser executado excede a jurisdição, a questão será resolvida por uma decisão da Corte.

Artigo 37

Se o membro da Liga contra o qual as medidas previstas nos artigos 35 e 36 se dirigem for um membro do Conselho, seu representante será excluído da análise e decisão dessa matéria.

Anulação de tratados

Artigo 38

A Assembleia poderá, por maioria de dois terços, declarar inaplicáveis tratados dos quais são partes apenas membros da Liga, se considerar que esses tratados não mais se adaptam às condições internacionais. Um tratado declarado inaplicável se tornará inválido seis meses depois dessa declaração.

Emendas

Artigo 39

1. As emendas ao presente Pacto terão efeito quando votadas pela Assembleia em maioria de três quartos (votação em que serão incluídos os votos de todos os integrantes do Conselho representados na reunião).

2. As emendas que se refiram somente ao número de juízes que compõem a Corte terão efeito quando votadas pela Assembleia em maioria simples.

3. O texto do presente Pacto, as emendas adotadas posteriormente e as decisões da Corte serão publicados em um Periódico Oficial da Secretaria-Geral. O texto do Pacto e suas emendas assim publicadas serão considerados autênticos.

Ratificação

Artigo 40

O presente Pacto entrará em vigor quando ratificado pelos Estados Unidos da América, o Reino Unido da Grã--Bretanha e Irlanda do Norte, a União das Repúblicas Socialistas Soviéticas, a China e dez outros signatários.

ANEXO II

Dispositivos do tratado que estabelecem responsabilidade individual por violações do direito internacional (jurisdição penal internacional)

Os artigos 4º, 6º, 7º, 8º, 9º, 10, 11, 12 e 24 do Pacto no Anexo I podem ser substituídos ou modificados pelos seguintes dispositivos:

Artigo 4º

A Corte será formada por vinte e quatro (17) integrantes nomeados entre pessoas de elevado caráter moral. Dezessete (12) integrantes serão especialistas em direito internacional e sete (5) integrantes serão especialistas em direito penal.

Artigo 5º

Inalterado

ou

Artigo 4º

1. A Corte será formada por vinte e quatro (17) integrantes, dezessete (12) dos quais serão especialistas em direito internacional e sete (5) dos quais serão especialistas em direito penal.

2. Os integrantes da Corte serão indicados entre pessoas de elevado caráter moral, de acordo com o disposto a seguir: (Neste caso, o artigo 5º é excluído.)

Artigo 6º

1. [...] para indicar dois especialistas em direito internacional e dois especialistas em direito penal, em condição [...].
2. Somente um dos dois de cada grupo será [...].
3. [...] as pessoas assim indicadas pelas instituições de seu Estado em duas listas, uma contendo as pessoas indicadas como especialistas em direito internacional, a outra contendo as pessoas indicadas como especialistas em direito penal. Ambas as listas serão encaminhadas ao [...].

Artigo 7º

[...] duas listas das pessoas assim indicadas, uma contendo todos os especialistas em direito internacional, a outra contendo todos os especialistas em direito penal, de acordo com [...].

Artigo 8º

1. A primeira parte de cada lista deve [...].
2. Inalterado.
3. Inalterado.
4. Inalterado.

Artigo 9º

A segunda parte de cada lista a ser [...].

Artigo 10

1. As primeiras nove (6) pessoas registradas na primeira parte da lista de especialistas em direito internacional e as primeiras quatro (3) pessoas registradas na primeira

parte da lista de especialistas em direito penal serão consideradas membros nomeados para a Corte. Os outros oito (6) integrantes especialistas em direito internacional e os outros três (2) integrantes especialistas em direito penal serão eleitos da segunda parte da respectiva lista de especialistas pela [...].

2. Para cada um dos oito (6) assentos reservados a especialistas em direito internacional e dos três (2) assentos reservados a especialistas em direito penal haverá uma eleição separada. Se na eleição de um dos oito (6) integrantes especialistas em direito internacional, dois (três) escrutínios não produzirem maioria, os nove (6) juízes especialistas em direito internacional indicados de acordo com o § 1.º deste artigo elegerão o juiz a partir da segunda parte da lista de especialistas em direito internacional. Se na eleição de um dos três (2) membros especialistas em direito penal, dois (3) escrutínios não produzirem maioria, os quatro (3) juízes especialistas em direito penal indicados de acordo com o § 1.º deste artigo elegerão o juiz a partir da segunda parte da lista de especialistas em direito penal.

Artigo 11

[...] daquela parte da respectiva lista da qual [...].

ou

Caso um dos integrantes da Corte que tenha sido escolhido da primeira parte de uma das duas listas de especialistas (art. 8.º) morra [...], a Corte elegerá um juiz daquela parte da respectiva lista; se tiver sido escolhido da segunda parte de uma das duas listas (art. 9.º), a Assembleia elegerá um juiz dessa parte da respectiva lista. Se dois (3) escrutínios não produzirem maioria, a Corte elegerá o juiz da segunda parte da respectiva lista de especialistas.

Artigo 12

As duas listas de especialistas a serem preparadas [...].

Artigo 24

    1. Inalterado
    2. Inalterado
    3. Em cada Câmara, uma parte dos juízes deverá ser de especialistas em direito internacional, a outra parte de especialistas em direito penal.

Os artigos a seguir podem ser inseridos entre os artigos 35 e 36 do Pacto no Anexo I:

Competência da Corte como tribunal penal de primeira (e última) instância

Artigo 35a

    1. Depois de executada a sanção ordenada pelo Conselho de acordo com o artigo 35, a Corte, a pedido do Estado-membro prejudicado ou do Conselho, determinará quais os indivíduos que, como órgãos do Estado culpado, são responsáveis pela violação do Pacto por esse Estado.
    2. A Corte é autorizada a sentenciar os indivíduos culpados às penas que considerar adequadas. A pena de morte, entretanto, será excluída caso não esteja prevista no ordenamento jurídico do Estado cujo órgão foi considerado culpado.

Artigo 35b

    1. Qualquer violação das leis de guerra cometida por um membro do Governo de um Estado-membro ou por ordem, ou com autorização, desse Governo, poderá ser levada a julgamento perante a Corte a pedido do Estado-membro prejudicado ou do Conselho.
    2. A Corte é autorizada a sentenciar o indivíduo culpado à pena que o direito penal do Estado cujo órgão é responsável pelo crime de guerra prevê para o ato se este não for um ato de Estado. Se esse ordenamento jurídico não prevê pena para esse ato, a Corte fixará a pena a seu critério.

Artigo 35c

Se o Estado cujos órgãos forem levados a juízo perante a Corte for membro do Conselho, seu representante será excluído da análise e decisão da matéria do pedido a ser feito pelo Conselho de acordo com o artigo 35a, § 1.º, e o artigo 35b, § 1.º.

Artigo 35d

1. Depois de resolver a disputa mencionada nos artigos 31 e 32, a Corte, a pedido do Estado que, segundo a decisão dela, foi prejudicado pelo outro Estado, determinará quais os indivíduos que, como órgãos deste, são responsáveis pela violação do direito internacional.

2. A Corte é autorizada a infligir como pena aos indivíduos culpados:

    a. Perda do cargo.
    b. Perda da competência jurídica para ocupar cargo público.
    c. Perda dos direitos políticos.

3. A perda da competência jurídica para ocupar cargo público ou dos direitos políticos pode ser infligida por determinado período de tempo ou para sempre.

4. Nos casos de infrações menores do direito internacional, a Corte pode limitar sua sentença à declaração de que o acusado é responsável pela violação do direito internacional cometida pelo Estado.

Competência da Corte como tribunal penal de recurso

Artigo 35e

1. A Corte tem jurisdição como tribunal de recurso em todas as causas decididas por um tribunal nacional de um Estado-membro e nas quais um indivíduo tiver sido julgado por ter violado quer o direito internacional, quer a

norma nacional cujo propósito seja aplicar o direito internacional.
2. Têm o direito de recorrer à Corte:
   a. o indivíduo condenado pelo tribunal nacional;
   b. qualquer Estado-membro prejudicado pelo delito pelo qual o indivíduo foi julgado;
   c. se nenhum Estado foi diretamente prejudicado pelo delito, qualquer Estado em relação ao qual o Estado que exerceu jurisdição é obrigado a denunciar o delinquente;
   d. se o indivíduo for condenado por um tribunal que não seja do seu Estado de origem, este Estado;
   e. o Conselho da Liga.

3. Se o Estado contra cuja decisão judicial o Conselho pretende recorrer é membro do Conselho, seu representante será excluído da análise e da decisão do problema.

Artigo 35f

Se a sanção a ser infligida ao delinquente pelo tribunal nacional nos casos referidos no artigo 35e for determinada somente pelo direito nacional, a Corte terá de aplicar em sua decisão o direito a ser aplicado pelo tribunal nacional. Se a sanção for determinada diretamente pelo direito internacional, a Corte terá de aplicar em sua decisão o direito internacional.

Extradição

Artigo 35g

Quando um Estado-membro for obrigado internacionalmente a denunciar um crime e o suposto delinquente estiver no território de outro Estado-membro, este último será obrigado, a pedido do primeiro, a extraditar o indivíduo envolvido desde que se cumpram as condições de extradição em geral reconhecidas.

Partie civile

Artigo 35h

Qualquer pessoa diretamente prejudicada pelo delito objeto do processo judicial mencionado nos artigos 35a a 35d poderá, se autorizada pela Corte, e sem prejuízo de qualquer condição imposta por esta, constituir-se *partie civile* perante a Corte; essa pessoa não tomará parte nos procedimentos orais, exceto quando a Corte estiver tratando dos danos e de sua reparação.

Encaminhamento de indivíduos à Corte

Artigo 35i

1. A pedido da Corte, qualquer Estado-membro será obrigado a entregar à Corte qualquer indivíduo que esteja sob jurisdição e em poder do Estado em questão.
2. A Corte poderá decidir se o indivíduo a ela submetido será preso e em que condições poderá ser posto em liberdade.

Obrigações do Estado em cujo território se reúne a Corte

Artigo 35j

O Estado em cujo território a Corte se reúne é obrigado a pôr à disposição da Corte toda a infraestrutura necessária para o processo judicial eficiente.

Direito de perdão

Artigo 35k

1. O direito de perdão será exercido pelo Conselho da Liga.

2. Se a pessoa sentenciada pela Corte de acordo com o artigo 35a ou 35b for agente de um Estado-membro do Conselho, ou se a pessoa sentenciada pela Corte de acordo com o artigo 35e tiver sido julgada em primeira instância pelo tribunal de um Estado-membro do Conselho, o representante desse Estado será excluído da análise e da decisão na matéria do perdão.

ÍNDICE REMISSIVO

Agência administrativa internacional, 19; como órgão auxiliar de tribunal internacional, 19s.
Agressão, proteção contra, 47ss., 60; paz externa e interna, 48ss., 50
Anarquia internacional, 16
Anarquismo, 3
Anulação de tratados, 129
Aplicação e criação do direito, não há antagonismo absoluto entre, 44
Apreciação judicial compulsória de disputas internacionais e igualdade soberana dos Estados, 32ss., 41s., 44s.
Arbitragem, tratados de, eficácia dos, 20; tribunais de, no direito primitivo, 20s.
Armamentos, restrição de, 47s.
Assembleia da LPMP, 118
Ato de Estado, responsabilidade por, 73ss., 89; ato realizado por ordem superior e ato de Estado, diferença entre, 96; de governo, nulidade ou anulabilidade de, 98

Ato Geral para a Solução Pacífica de Disputas Internacionais, 31s.
Atos de guerra legítimos, 85ss.
Autodeterminação, direito de, 10
Autonomia, idêntica à igualdade, 35; dos Estados, limitada pelo direito internacional, 37s.
Autores da guerra, responsabilidade individual dos, 65ss.
Autotutela, 4s., 20s.

Bellum justum (guerra justa), 65s., 82s., 87
Bloqueio, violação de, 70

Causas da guerra, 15s.
Centralização, do uso da força, 4, 19; vantagens da, 10; grau normal de, em comunidades internacionais, 12, 18s., 38s., 40s., 48; organização internacional, um problema de, 20s.; função de aplicação

do direito precede a de criação do direito, 20s.; do poder executivo e estado federal, 48, 51
Chefe de Estado, responsabilidade do, 77s.
Cláusula *rebus sic stantibus*, 28
Comunidade internacional, desarmamento dos membros da, 48s., 60; independência política dos membros, 49s.; integridade territorial dos membros, 49s.
Conciliação, 29ss., 58s.
Confederação de Estados ou Estado Mundial, 8ss.
Conflitos de competência entre tribunais nacionais decididos por tribunal internacional, 114
Conflitos jurídicos e políticos, 22ss.
Conflitos passíveis e não passíveis de apreciação judicial, 22ss.
Conflitos políticos e jurídicos, 22ss.
Conselho da Liga das Nações, 29, 46s.
Conselho da LPMP, 125s.
Contrato social, 5ss., 8
Convenção de Haia Referente às Leis e Costumes da Guerra Terrestre, 93
Convenção para a Proteção de Cabos Telegráficos Submarinos, 73
Convenção Relativa ao Tratamento de Prisioneiros de Guerra, 100s., 103s.
Corte da LPMP, imparcialidade, 52s.; independência, 52s.; nacionalidade de seus membros, 55ss.; organização, 119ss.; competência, 127, 134ss.; execução de seus mandados e decisões, 128
Corte Permanente de Justiça Internacional, 29, 46s., 52s., 57s., 108s.; jurisdição compulsória opcional da, 52
Criação e aplicação do direito, não há antagonismo absoluto entre, 44
Crime, conceito de, 108s.
Crimes de guerra, 70s., 83ss.; como violações do direito internacional ou nacional, 93ss.
Criminosos de guerra, punição de, 66, 83ss., 101ss., 105s.
Culpa de guerra na Primeira e na Segunda Guerra Mundial, 81ss.

Decisão judicial, execução de, 17s.; sua função de criar o direito, 21, 41ss.; e decreto político, 45
Decisões e resoluções, 54
Declaração de Moscou, 11, 18, 32, 39, 84
Decreto político e decisão judicial, 45
Deficiência do direito internacional, 21, 28s.
Delito e sanção, 3
Democracia, 5, 8s.
Derivação de normas jurídicas a partir de conceitos jurídicos, uma falácia, 35s.

ÍNDICE REMISSIVO

Desarmamento dos membros da comunidade internacional, 48s., 60
Descentralização, uma característica do direito internacional, 20
Direito, como ordem coercitiva, 3; primitivo, 3s., 20s.; e força, 6; nacional e internacional, 12; questão de, 12s.; história do, 20s.; consuetudinário, 21; sistema dinâmico, não estático, 45; ideia de, 45; com força retroativa (*ex post facto*), 80s., 82
Direito consuetudinário, 21
Direito criado pelos juízes, todo o direito é, 21.
Direito internacional, e direito nacional, 12, 38s.; técnica do, 12s.; ordem jurídica descentralizada, 20s.; deficiência do, 21, 28s.; como direito penal, 66ss.; e direito penal, diferença entre, 68; obrigação direta do indivíduo pelo, 69s.
Direito internacional positivo aplicado por tribunais internacionais, 41s.
Direito nacional e internacional, 12; nenhuma fronteira absoluta entre, 38s.; interpretação dualista da relação entre, 38s.
Direito penal, direito internacional como, 66ss.; e direito internacional, diferença entre, 68
Direito preexistente aplicado por tribunais internacionais, 43s.

Direito primitivo, 3s., 20s.
Disputas entre Estados, 12s.; jurídicas (passíveis de apreciação judicial) e políticas (não passíveis de apreciação judicial), 22ss.; territorial, 22s.
Disputas territoriais, 22s.
Ditador, punição do, 84
Doutrina do direito natural, 5s., 7

Efeito retroativo, leis com, 80s., 82
Emendas ao Pacto da LPMP, 59s., 129
Entrega de indivíduos à tutela do tribunal da LPMP, 137
Espionagem, responsabilidade individual por, 92
Estado, caracterizado pela centralização do poder executivo, 4s., 20s.; origem do, 6s.; nenhum Estado tem jurisdição sobre outro, 34s., 36s., 75ss., 90; responsabilidade penal do, 67s.; imputação de delitos ao, 63s., 67, 74ss.; responsabilidade indireta do, 70s.; ato de, 70s., 74ss., 88ss., 96s.
Estado federal e centralização do poder executivo, 48, 51s.
Estado mundial, 4s., 8ss.
Estados, igualdade soberana dos, 11s., 18s., 32ss.; disputas entre, 12s.
Estados Unidos da América como modelo mundial de Estado, 10s.
Exceção de obediência a ordem superior, 96ss.

Execução, de decisões judiciais, 17s.; de mandados e sentenças da corte da LPMP, 114
Extradição na LPMP, 136

Fatos jurídicos, 43s.
Força, 3; teoria, 6., 8; e direito, 6s.
Função de aplicação do direito, centralização da, 20s.; não apenas declaratória, mas também construtiva, 43
Função de criação do direito: centralização da, 20s.; das decisões judiciais, 21, 42ss.
Função legislativa da LPMP, 59

Governo, ou tribunal como instrumento de reforma internacional, 19; ato de, 98
Governo mundial, 4s., 12s., 47
Grandes Potências, hegemonia das, 61
Grupos nacionais, 55s.
Guerra, atos ilegítimos de, 70s., 86; regras de, violação de, 84ss.; atos legítimos de, 85ss.
Guerra, como emprego da força, 4s.; renúncia à, 13, 17; causas da, 16s.; como sanção de direito internacional, 17, 50s., 68s.
Guerra ilegítima, 70s., 86s.
Guerra justa (*bellum justum*), 65s., 82s., 87

Hegemonia das grandes potências, 61
História do direito, 20s.

Ideia de direito, 45
Igualdade soberana dos Estados, 11s., 18s., 32ss.; e apreciação judicial compulsória de disputas internacionais, 32ss., 41ss.
Igualdade soberana dos Estados, significado do termo, 35ss.; como sinônimo de autonomia, 35; como sinônimo de legalidade, 35
Imparcialidade da corte da LPMP, 52s.
Impeachment, 109
Imputação de crimes a pessoa jurídica, 67; de delitos ao Estado, 67, 74ss.
Independência dos juízes internacionais, 40s., 57; da corte da LPMP, 52s., 57
Independência política dos membros da comunidade internacional, 49s.
Indesejabilidade política apresentada como impossibilidade lógica, uma falácia, 39
Indivíduo, obrigação direta do, pelo direito internacional, 69s.
Integridade territorial dos membros de uma comunidade internacional, 49s.
Intenção dolosa (*mens rea*) como condição de punição, 66
Interpretação dualista da relação entre direito nacional e direito internacional, 38s.

ÍNDICE REMISSIVO

Judiciário, internacional, 12ss.; sem um poder executivo centralizado, 17ss.; internacional, precede governo e legislação internacionais, 20s.
Juiz, internacional, independência do, 40s.; internacional, não representa o Estado que o indica, 40ss.; nacional, 55s.
Juízes nacionais, 55s.
Jurisdição, compulsória, 13ss.; interna, 31.; nenhum Estado tem jurisdição sobre outro Estado, 34s., 36s., 75ss., 90; sobre prisioneiros de guerra, 90s, 93s., 100ss.; penal internacional, 101ss., 106s.
Jurisdição compulsória, 13ss.
Jurisdição compulsória opcional da Corte Permanente de Justiça Internacional, 52
Jurisdição interna, 31.
Jurisdição penal internacional, 101ss., 106s., 108s., 131ss.

Legalidade, igualdade como sinônimo de, 35
Leis *ex post facto*, 80s., 82
Leviatã, 8.
Liberdade do alto-mar, 69
Liga das Nações, Conselho, 29, 46; Pacto, 30ss., 46ss., 52s., 59ss.; Assembleia, 46s.; experiências da, 46ss.
Liga Permanente para a Manutenção da Paz (LPMP), 52ss.; participação na, 53s., 117; função legislativa, 59; emendas ao pacto, 59s.; separação entre o pacto e tratado de paz, 60; Secretariado, 126

Manual Básico de Campo, Regras de Guerra Terrestre, 97
Manutenção da paz interna e proteção contra agressão externa, 47, 51ss.
Mens rea (dolo ou intenção dolosa) como condição de punição, 66
Monopolização do emprego da força, 3s., 6

Nacionalidade dos membros da corte da LPMP, 55ss.
Nacionalismo, 10
Nulidade e anulabilidade, 98
Nulo *ab initio* ou anulável, 97s.

Obrigação direta de indivíduos pelo direito internacional, 69s.
Opinião pública, 8, 18
Ordem superior, ato realizado por ordem superior e ato de Estado, 96; exceção de obediência a, 96ss.
Organização da corte da LPMP, 54ss.
Organização mundial, 4s., 8ss.; um problema de centralização, 20s.
Organização regional na liga universal, 53
Órgãos da LPMP, 54, 117s.
Origem do Estado, 5s.

Pacta sunt servanda, 28

Pacto da Liga das Nações, 30ss., 46ss., 52s., 58ss.
Pacto Kellogg-Briand, 17, 42, 60, 65s., 83, 88
Par in parem non habet imperium, 35
Parlamento mundial, 5, 9, 12, 47
Participação na LPMP, 53s, 117
Partie civile, 114, 137
Pax romana, 6
Paz, 3; internacional, 4ss., 8s.; nacional, 4s., 8s.; pela força ou pelo direito, 7ss.; estratégia de, 17; agressão interna e externa, 48ss., 51
Paz mundial, 4s.
Pena de morte, 111
Penalidades a indivíduos por violação do direito internacional, 111s.
Perdão, direito de, 137s.
Permissão, significado do termo jurídico, 87
Pessoa jurídica, imputação de crimes à, 66s.
Pirataria, 69
Poder executivo centralizado, judiciário sem, 17ss.
Polícia internacional, 18s.; e soberania dos Estados, 18s.
Política, primazia da, sobre a economia, 17s.
Princípio do voto da maioria, nas relações internacionais, 19ss., 35ss., 37, 40s.; em tribunais internacionais, 40ss., 42s.
Prisioneiros de guerra, jurisdição sobre, 90ss., 93s., 100ss.; Convenção Relativa ao Tratamento dos, 100s., 103s.
Problema do pós-guerra, aspectos econômico e jurídico do, 15
Proibição de guerra e represálias na LPMP, 127s.
Punição, de criminosos de guerra, 66, 83ss., 100ss., 105s.; conceito de, 66, 110; como sanção do direito internacional, 67s.; de ditador, 83s.

Quaestio facti, 43
Quaestio juris, 43
Questão de direito, 12s.

Ratificação do Pacto da LPMP, 129
Regras de guerra, violação de, 85ss.; responsabilidade de um Estado beligerante pela violação de, 92; terrestre (Manual Básico de Campo), 97
Renúncia à guerra, 13, 17
Represálias como sanções de direito internacional, 67s., 75s., 89
Representação jurídica, 40s.
Resoluções e decisões, 54
Responsabilidade, individual, por violações do direito internacional, 71ss., 107ss.; dos autores da guerra, 65ss.; estabelecida pelo direito internacional, 68ss., 71ss.; por atos de Estado, indireta do Estado, 70ss., 74ss., 96ss.; de chefe de Estado, 77s.; original e indireta do Estado, 79s.; de Estado beligerante por violar

ÍNDICE REMISSIVO

regras de guerra, 92; ministerial (*impeachment*), 109
Responsabilidade coletiva e responsabilidade individual em direito internacional, 65ss.; estabelecida pelo direito internacional geral, 68
Responsabilidade indireta do Estado, 72s.
Responsabilidade individual, dos autores da guerra, 65ss.; e responsabilidade coletiva em direito internacional, 65ss.; estabelecida pelo direito internacional geral, 69ss.; estabelecida pelo direito internacional particular, 71ss.; por violações do direito internacional, 71ss., 107ss.; por traição de guerra, 92; por espionagem, 92
Responsabilidade ministerial (*impeachment*), 109
Responsabilidade objetiva, 66
Responsabilidade original e responsabilidade indireta do Estado, 79s.
Responsabilidade penal do Estado, 67s.

Sanção, e delito, 3; a guerra como, 17, 50s., 68s.; do direito internacional, punição como, 66ss.; do direito internacional, represálias como, 68s., 89s.; contra membros da LPMP, 127s.
Secessão, direito de, 59s.
Secretariado da LPMP, 126

Sede da corte da LPMP, obrigações do Estado em cujo território se encontra a sede da Corte, 137
Sede da LPMP, 126s.
Separação entre o Pacto da LPMP e o tratado de paz, 60
Soberania, ilimitada, dos Estados, causa de guerra, 17; dos Estados e a polícia internacional, 18s.; dos Estados e o princípio do voto da maioria nas relações internacionais, 19s.; significado do termo, 32ss.; como autoridade suprema, 32s; como poder supremo, 33s.; função política do conceito, 38s.
Sociedade primitiva, 20s.
Societas delinquere non potest, 67
Submarinos, Tratado Relativo ao Uso de, 72
Suíça como modelo mundial de Estado, 10s.

Técnica do direito internacional, 12s.
Teoria marxista das causas econômicas da guerra, 16
Traição de guerra, responsabilidade individual por, 92s.
Tratado, internacional impondo obrigações a Estados terceiros, 36s.; relativo ao Uso de Submarinos, 72; de Washington, 72; para Proteção dos Cabos Telegráficos Submarinos, 73; de Versalhes, 81ss., 101s., 104;

sobre prisioneiros de guerra, 100s., 103s.
Tratados internacionais; vinculam apenas os Estados contratantes, exceções à regra, 35s.; obrigações impostas a Estados terceiros, 35s.
Tratamento econômico ou jurídico do problema do pós-guerra, 15ss.
Tribunais, no direito primitivo, 20; internacionais, princípio do voto da maioria, 40s.; aplicação do direito positivo internacional, 41s.; aplicação do direito preexistente, 43s.
Tribunal, ou governo como instrumento de reforma internacional, 19; penal internacional, 84s. *Ver também* Corte Permanente de Justiça Internacional
Tribunal de Justiça da América Central, 46
Tribunal internacional, tribunal nacional funcionando como, 69ss., 79s.; ou tribunal nacional para julgamento de criminosos de guerra, 102ss.
Tribunal nacional funcionando como tribunal internacional, 69ss., 79s.
Tribunal penal internacional, 84s.; como tribunal de recurso, 112s., 135s.

Versalhes, Tratado de, 81ss., 101s., 104
Vingança de sangue, 4
Violação do direito internacional por particulares, 71s., 113s.
Voto unânime, princípio do, nas relações internacionais, 34s., 40s.